公共文化研究丛书

本书为国家公共文化服务体系制度设计研究课题（批准号：2017004）
西南大学决策咨询研究项目（批准号：2016SWUJCZX04）研究成果

重庆市农村公共文化服务供给优化策略研究

王作军 等 著

西南师范大学出版社
国家一级出版社 全国百佳图书出版单位

图书在版编目(CIP)数据

重庆市农村公共文化服务供给优化策略研究 / 王作军等著. -- 重庆 : 西南师范大学出版社, 2019.9
(公共文化研究丛书)
ISBN 978-7-5621-9957-1

Ⅰ. ①重… Ⅱ. ①王… Ⅲ. ①农村文化-公共管理-文化工作-研究-重庆 Ⅳ. ①G127.719

中国版本图书馆CIP数据核字(2019)第202468号

重庆市农村公共文化服务供给优化策略研究

CHONGQING SHI NONGCUN GONGGONG WENHUA FUWU GONGJI YOUHUA CELÜE YANJIU

王作军 等 著

责任编辑:李浩强
封面设计:观止堂_未氓
版式设计:闰江文化
排　　版:重庆大雅数码印刷有限公司·夏洁
出版发行:西南师范大学出版社
　　　　地址:重庆市北碚区天生路2号
　　　　邮编:400715　网址:http://www.xscbs.com
　　　　市场营销部电话:(023)68868624
经　　销:新华书店
印　　刷:重庆荟文印务有限公司
幅面尺寸:165mm×230mm
印　　张:16.25
字　　数:210千字
版　　次:2019年9月　第1版
印　　次:2019年9月　第1次印刷
书　　号:ISBN 978-7-5621-9957-1

定　　价:58.00元

前　言

在深入推进供给侧结构性改革、建设新时代社会主义文化强国的形势下，公共文化服务水平直接决定了人民群众对美好生活需要的实现程度，提升公共文化服务水平也是提升人民群众幸福感与获得感的关键因素。近年来，我国公共文化服务持续求真务实、推陈出新、扎根实践，在服务范围、方式、内容和质量等方面均取得了长足发展和显著进步。然而，公共文化服务仍然存在不平衡、不充分的问题，表现在供给质量、供给形式、供给区域上与人们的需求还有较大差距，尤其是西部农村地区在公共文化服务供给上的“短板”和“瓶颈”比较明显，难以充分满足人民群众的迫切需求，同时也制约了农村的发展和振兴。因此，提升农村地区公共文化服务供给水平，通过文化与发展的协同实现乡村振兴，就显得尤为迫切和重要。

鉴于重庆市农村公共文化服务有效供给不足、城乡公共文化供给水平不均衡的客观实际，发展公共文化服务需要基于供给侧结构性改革的视角，构建系统性战略路径，实现农村地区供给与需求的协同。对此，本书通过运用文献研究与比较研究相结合、质化研究与量化研究相结合、静态研究与动态研究相结合、案例研究与调查研究相结合的研究方法，从不同层面总结重庆市农村公共文化服务供给的特点和规律，总体上沿着“明晰内涵→把握现实→发现规律→识别瓶颈→解决问题”的研究框架，对重庆市农村公共文化服务供给进行系统研究。

明晰重庆市农村公共文化服务供给的现状、存在问题、发展历程与制约因素，是提升公共文化服务供给水平的重要前提。本书运用问卷调查与访谈等方法，调研重庆市巫溪县、万州区、北碚区、沙坪坝区、璧山区等代表性区县，与41个行政机关、乡镇、村和社区的主要负责人、基层社区工作人员进行了访谈，并发放问卷700份，通过数据分析和整理，分析了重庆市农村公共文化服务供给存在的问题，并针对问题进行了原因探析。进而，勾勒出重庆市农村公共文化服务供给的发展历程，有利于把握重庆市农村公共文化服务供给的演变规律。依据不同时期的供给状况、重要标志以及建设现代公共文化服务体系的要求，将新中国成立以来重庆市农村公共文化服务供给的发展分为探索期、分化期、融合期、提升期4个阶段，并分析了各时期的供给特点和发展公共文化的政策。然后，根据社会调查与问卷访谈的结果，剖析农村公共文化服务供给的制约因素，为提出切合实际、行之有效的重庆市农村公共文化服务供给战略模式与路径奠定基础。

科学构建重庆市农村公共文化服务供给的战略模式，是优化公共文化服务供给的核心所在。本书提炼了农村公共文化服务供给中的供与需两个维度，构成二维矩阵，形成农村公共文化服务供给的培育型（Cultivation）、扩展型（Extension）、改革型（Reformation）与优化型（Optimization）4种战略模式，即C-E-R-O战略模式。进而，根据实际进行4种模式的维度比较，分析每种战略模式的适用范围与条件。制定战略模式后，有效选择适合的战略模式和战略升级路径，是达到预期优化目标的具体方向。因此，本书以供、需、发展程度构建三维模式选择矩阵，探究重庆市农村公共文化服务供给的战略升级路径，其中培育战略为初级战略，扩展战略与改革战略为中级战略，优化战略为高级战略也即理想战略。为保证战略转化升级的顺利、有序推进，本书提出了具体保障途径，并进一步分析了转化战略实施的原则、基本类型和途径。

有效运用重庆市农村公共文化服务供给的优化机制，是促进公共文化服务供给系统协同、有序运转的“润滑剂”和“推进器”。因而，重庆市建立了农村公共文化服务供给的“1+4”供给侧结构优化机制模型（1个核心层面+4个基本层面），即需求导向机制、激励机制、竞争机制、可持续保障机制，分析了各个机制的内容、特征和构建。需要注意的是，这4种机制之间不是孤立的，而是相互协调、互为补充的，共同推进重庆市农村公共文化服务供给实现优化和完善。同时，为保证各个机制间协同工作，建立了协同机制框架。

准确选择重庆市农村公共文化服务供给的典型性、代表性案例进行研究，能更加深入地探析研究对象的本质。本书选取国家公共文化服务体系示范区——重庆市北碚区的农村公共文化服务供给为案例，分析了其供给现状和存在的问题，并在此基础上提出了完善的方向。

提出重庆市农村公共文化服务供给优化的针对性政策建议，是研究的重要目标。本书根据现状分析、存在问题和调研访谈情况，从提升公共文化管理部门认识、培育农村居民主人翁意识、加大资金保障力度、畅通农村居民需求表达渠道、完善社会力量供给模式等方面提出了具有可操作性的政策建议。

本书在成书过程中经历了多次的修改、完善、校对，力求保证研究成果质量。本书的顺利完成，凝聚着整个研究团队的辛勤劳动。本书得以出版，感谢国家公共文化服务体系制度设计研究课题的支持，感谢西南师范大学出版社李浩强编辑高效而辛苦的工作，感谢西南大学政治与公共管理学院、社会科学处的领导和同事们给予的帮助和关心！

在本书写作过程中，向亚敏、徐广龙、刘浪、陈正、马冬梅、陈瑭秋等参加了写作、调研、文献整理等工作，张瀚誉、唐卫、杨芳等参加了调研活动和数据收集工作，付出了辛勤劳动，在此致以衷心感谢！

本书可为高等学校和科研机构的研究者、地方政府部门决策者和公共文化服务工作者提供借鉴与参考。

书中难免存在疏漏或欠缺之处，敬请读者斧正！

王作军

2019年7月于西南大学

目录 Contents

第一章
绪　论

第一节　研究背景与意义

一、研究背景

中国特色社会主义已经进入了新时代，公共文化服务作为一种向社会公众提供的、具有非竞争性和非排他性的资源配置活动，需要根据时代的要求进行优化和改革。农村公共文化服务的内容主要包括4个方面：一是开展基本文化活动，如阅读书籍和报纸、观看电影和文艺演出等活动；二是完善基础设施，如建立图书馆、阅览室、文化书屋、农家文化大院，建设信息网络等；三是提高农村居民文化素质，如生产技能知识学习、科学普及、政策宣传等；四是发展农村传统文化，如传承和发扬民间艺术、非物质文化遗产、地方乡风乡俗等。因此，农村公共文化服务具有明显的大众性、公益性等特征。

随着人民群众对于美好生活的追求日益迫切，党和国家将公共文化服务提升到国家战略层面加以重视和发展，出台了大量与公共文化发展相关的政策和措施。2005年10月，党的十六届五中全会提出深化文化体制改革，积极发展文化事业和文化产业。2007年10月，党的十七大报告强调要推动社会主义文化大发展大繁荣，重视城乡、区域文化协调发展，着力丰富农村、偏远地区人民群众的精神文化生活，加强社区和乡村文化设施建设。[①]2011年10月，党的十七届六中全会审议通过了《中共中央关于深化文化体制改革 推动社会主义文化大发展大繁荣若干重大问题的决定》，明确要求完善覆盖城乡、结构合理、功能健全、实用高效的公共文化服务体系，加快城乡文化一体化发展，建立以城带乡联动机制，合理配置城乡文化资源。2012年11月，党的十八大报告指出，要坚持面向基层、服务群众，加快推进重点文化惠民工程，加大对农村和欠发达地区文化建设的帮扶力度[②]，对农村文化事业发展提出了具体要求。2013年11月，党的十八届三中全会审议通过了《中共中央关于全面深化改革若干重大问题的决定》，强调必须坚持社会主义先进文化前进方向，坚持中国特色社会主义文化发展道

①胡锦涛.高举中国特色社会主义伟大旗帜 为夺取全面建设小康社会新胜利而奋斗——在中国共产党第十七次全国代表大会上的报告[M].北京：人民出版社，2007：33-36.

②胡锦涛.坚定不移沿着中国特色社会主义道路前进 为全面建成小康社会而奋斗——在中国共产党第十八次全国代表大会上的报告[M].北京：人民出版社，2012：32.

路，坚持以人民为中心的工作导向，进一步深化文化体制改革。[①]2015年1月，《关于加快构建现代公共文化服务体系的意见》发布，强调促进城乡基本公共文化服务均等化，拓展重大文化惠民项目服务“三农”内容。[②]2017年5月，中共中央办公厅、国务院办公厅颁布《国家“十三五”时期文化发展改革规划纲要》，强调加强农村精神文明建设，推动基层公共文化设施资源共建共享，培育和发展农村文化市场。[③]2017年3月实施的《中华人民共和国公共文化服务保障法》，强调面向农村提供的公共文化服务应当符合农村特点和需求，提高针对性和时效性。因此，国家高度重视农村公共文化权益保障，促进了城乡公共文化服务均等化。2017年10月，党的十九大报告为公共文化服务的发展指明了战略方向，强调完善公共文化服务体系，深入实施文化惠民工程，丰富群众性文化活动。[④]党和国家的一系列公共文化服务的战略设计和政策安排，都强调和突出了农村公共文化服务的重要性和紧迫性。

在国家公共文化服务战略和政策的指引下，重庆市根据公共文化发展的实际情况，强化城乡公共文化服务协调发展，注重提升农村公共文化服务设施建设水平，大力推进农村公共文化事业发展。这标志着公共文化建设的重点逐渐从城市转向农村。而农村公共文化建设恰是重庆市建设现代公共文化服务体系的短板和重点，因此需要大力

①中国共产党第十八届中央委员会第三次全体会议公报[M].北京：人民出版社，2013：7.

②中共中央办公厅，国务院办公厅.关于加快构建现代公共文化服务体系的意见（中办发〔2015〕号）[Z].2015-01-12.

③中共中央办公厅 国务院办公厅.国家“十三五”时期文化发展改革规划纲要[EB/OL].http://www.gov.cn/zhengce/2017-05/07/content_5191604.htm，2017-05-07.

④习近平.决胜全面建成小康社会 夺取新时代中国特色社会主义伟大胜利——在中国共产党第十九次全国代表大会上的报告[M].北京：人民出版社，2017：44.

扶持，按照新时代的要求加强建设并持续优化。

重庆作为我国最年轻的直辖市，“大农村、大城市”的特点决定了其城乡之间在公共文化服务方面存在较大差距。因此，要想促进城乡统筹协调发展，首要的就是实现公共文化服务资源的均等化和标准化。近年来，重庆市出台了系列政策和规划来增加对农村公共文化服务的投入，但从实际的调查结果来看，这些措施并没有从根本上满足农村的实际公共文化服务需求。因此，建立和完善“以需定供”的公共文化服务供给模式，促进农村公共文化领域供给侧结构性改革，是提高农村公共文化服务供给效率的必然选择。

二、研究意义

1.理论意义

从公共文化服务发展到构建现代公共文化服务体系，从单纯的公共文化服务建设发展到推动公共文化服务供给侧结构性改革，这其中供给侧结构性改革的运用具有重要的研究意义。立足重庆市农村公共文化服务供给现状，结合供给侧结构性改革，从政策、战略等多角度出发，运用实证研究和规范研究相结合的方法，提出重庆市农村公共文化服务供给的战略模式和战略选择，以及“1+4”供给侧结构优化协调机制模型，为农村公共文化服务供给策略与政策的学理系统起到补充作用，深化和拓展农村公共文化服务理论，并为相关研究提供理论借鉴，对改进农村公共文化服务供给及农村文化建设有着重要的理论意义。

2. 现实意义

一是促进重庆市农村公共文化服务走供给侧结构性改革、均衡式发展道路。通过了解农村居民的不同文化需求，供给多样化的文化服务，实现不同群体的公共利益，进而提高农村公共文化服务供给的针对性和有效性，增强重庆市农村地区的自我发展能力，缩小城乡之间公共文化服务差距，真正满足重庆市农村居民日益增长的公共文化服务需求。

二是加强重庆市农村公共文化供给主体间的协调协作。在供给侧结构性改革的背景下，探索适合重庆市农村公共文化服务供给的优化策略，有助于各供给主体间资源分享与整合，并为增进主体间协调合作提供操作依据。

三是提升重庆市农村公共文化服务供给能力。本书所设计的理论模型、量化分析工具能为政府相关部门和文化产业提供有效借鉴和实用管理工具，提升重庆市农村公共文化供给的战略能力、精准服务能力和供给水平。

四是具有显著的典型示范与辐射带动作用。本书研究了重庆市公共文化服务供给优化问题，而重庆市是“大城市带大农村”的西部典型地区，其农村公共文化服务优化研究可为西部地区优化公共文化服务供给提供范例。

第二节　研究思路与方法

一、研究思路

本书以供给侧结构性改革、乡村振兴战略为指导，以新公共服务理论、善治理论、战略管理理论为理论基础，系统探析重庆市农村公共文化服务供给的优化策略问题，具体按照“明晰内涵→把握现实→发现规律→识别瓶颈→解决问题”的思路展开。

首先，归纳重庆市农村公共文化服务供给的总体状况，并通过社会调查及问卷访谈的方法，分析存在的问题及其产生的原因，找准供给优化的问题所在。其次，通过勾勒重庆市农村公共文化服务的发展历程，认识其发展和演变的过程，总结供给优化的规律；通过识别关键制约因素，为供给优化提供依据与破解之策。再次，通过梳理国外公共文化服务供给的成功做法，为供给优化提供经验借鉴和管理启示。在此基础上，系统构建重庆市农村公共文化服务供给战略模式，并探究其转化升级路径，为供给优化提供有效的战略选择；通过建立供给侧结构优化机制模型，保证服务供给实现持续优化。又次，以国家公共文化服务体系示范区——重庆市北碚区为对象开展案例研究，总结供给经验，提炼实际问题，为提出政策建议奠定基础。最后，结合研究报告，提出重庆市农村公共文化服务供给优化的政策建议，为供给优化的真正落实提供参考。

本研究突出针对性、操作性与适用性，为重庆相关部门保障农村公共文化服务供给、推出供给措施、制定供给政策，提供参考借鉴与实用工具。

二、研究方法

1. 文献研究法。通过收集整理大量国内外相关理论文献、政府部门相关规划和政策等，为研究提供有力的理论依据与指导。

2. 比较研究法。比较国内外农村公共文化服务供给方式，认识和把握重庆市农村公共文化服务的供给本质和规律。

3. 案例研究法。对国家公共文化服务体系示范区——重庆市北碚区农村公共文化服务供给的典型案例进行分析，为研究提供实践思考。

4. 社会调查法。调查范围覆盖重庆市巫溪县、万州区、北碚区、沙坪坝区、璧山区等区县，对重庆市农村公共文化服务供给的现状、优势及挑战进行调研，勾勒其发展历程，并对战略模式选择与转化升级进行反馈与优化。

第三节　研究内容与创新点

一、研究内容

本研究旨在探析重庆市农村公共文化服务供给的总体状况，归纳评析其面临的困境、机遇与挑战。通过社会调查及问卷访谈，理清重庆市农村公共文化服务供给的关键制约因素。系统构建重庆市农村公共文化服务供给的战略模式，探究其战略模式转化升级路径。建立重庆市农村公共文化服务的供给侧结构优化机制模型。研究成果突出针对性、可操作性与适用性，为重庆相关部门保障农村公共文化服务供给、推出供给措施、制订供给政策提供参考借鉴与实用工具。本书具体分为12章：

第一章，绪论。主要说明本研究的背景和意义，提出研究方法与思路，阐述主要研究内容和创新点，为课题研究奠定基础。

第二章，重庆市农村公共文化服务供给现状分析。明晰重庆市农村公共文化服务供给的现状、存在问题，是提高农村公共文化服务供给水平的重要前提。运用问卷调查与入户访谈等方法，调研重庆市巫溪县、万州区、北碚区、沙坪坝区、璧山区等代表性区县，从公共文化活动开展、农村居民参与意愿、服务水平、服务设施等方面，系统归纳重庆市农村公共文化服务的供给现状。

第三章，重庆市农村公共文化服务供给存在的问题及其原因分析。基于现状研究和调研结果，从文化类社会组织参与阻碍、服务供需失衡、沟通渠道不畅、专职人员不足等方面分析了存在的问题，并针对问题进行了原因探析。

第四章，重庆市农村公共文化服务供给的发展历程。依据不同时期的供给状况、重要标志以及现代公共文化服务体系的要求，将新中国成立以来重庆市农村公共文化服务供给的发展分为探索期、分化期、融合期、提升期4个阶段，并分析了各时期的供给特点和发展公共文化的政策。

第五章，重庆市农村公共文化服务供给的制约因素。根据社会调查与问卷访谈的结果，在运行机制、政策体系、人才技术、供需结构等方面分析其制约因素，为提出切合实际、行之有效的重庆市农村公共文化服务供给战略模式与路径奠定基础。

第六章，重庆市农村公共文化服务供给的国际经验借鉴。通过理论梳理、文献收集等方式，对美国、印度、日本、韩国的农村公共文化服务供给的典型经验进行归纳，为研究提供思想启示与理论借鉴。

第七章，重庆市农村公共文化服务供给的战略模式。提炼农村公共文化服务供给中的供、需两个维度，构成二维矩阵，形成农村公共文化服务供给的4种战略模式，即培育型（Cultivation）、扩展型（Extension）、改革型（Reformation）与优化型（Optimization）战略模式，也即C-E-R-O战略模式。进而，根据实际进行4种模式的维度比较，分析每种战略模式的适用范围与条件。

第八章，重庆市农村公共文化服务供给战略的转化升级。以供、需、发展程度构建三维模式选择矩阵，探究重庆市农村公共文化服务供给战略的转化升级路径。为保证战略转化升级的顺利、有序推进，构建了三维战略转化模型，进而分析其推动力、基本类型和主要途径等实施问题。三维战略转化的驱动力包括资源配置、组织机构、组织文化、信息系统、管理人员和奖惩制度6个方面；其基本类型包括合作型、指挥型、变革型、文化型4种类型。具体途径包括构建可量化的考核体系、实现供给主体由少到多的转变、创新和优化供给方式、明确划分交界区域权责、实施三位一体的管理监督体系等方面。

第九章，重庆市农村公共文化服务"1+4"供给侧结构优化机制模型。建立重庆市农村公共文化服务供给的"1+4"供给侧结构优化机制模型，即需求导向机制、激励机制、竞争机制、可持续保障机制，并分析了各个机制的内容及其构建。

第十章，重庆市农村公共文化服务供给的案例研究：以北碚区为例。选取国家公共文化服务体系示范区——重庆市北碚区的农村公共文化服务供给为案例，分析了其供给现状和存在问题，并在此基础上提出了完善的方向。

第十一章，重庆市农村公共文化服务供给优化的政策建议。本章意在为政府相关部门与社会组织提供参考与借鉴。

第十二章，结论与展望。对研究观点进行总结，并指出了研究不足，明确了进一步的研究方向。

二、研究创新点

1.立足于供给侧结构性改革的背景和视角，探索农村公共文化服务供给的相关政策与实践，符合国家现代公共文化服务发展战略需要，研究视角和出发点具有前瞻性。

2.以战略管理为工具，由供给、需求进行路径切入，构建重庆市农村公共文化服务供给的4种战略模式及其转化矩阵、“1+4”供给侧结构优化机制模型等量化模型与管理工具，并通过实证研究方法加以检验，具有较强的实用性与操作性。

3.从需求导向机制、激励机制、竞争机制、可持续保障机制等多角度，综合探究重庆市农村公共文化服务供给的协调机制，兼顾政府、社会、市场、居民的利益表达，具有系统性和集成性。

4.突出实证性和实效性，通过调查问卷、社会访谈等方法开展研究，贴近农村公共文化服务实际，从而更加科学地找出其中存在的问题、关键制约因素，并保证所运用的战略模式和所提出的政策建议具有针对性。

第二章 重庆市农村公共文化服务供给现状分析

为充分把握重庆市农村公共文化服务的供给情况，采取理论与实践、静态与动态、定性与定量相结合的研究方法，并以政府公共文化政策和规划、各相关政府部门网站或统计年鉴等为基础收集资料和数据。同时，通过调查问卷和访谈的形式开展实地调查，力求掌握第一手资料，明确现阶段重庆市农村公共文化服务供给现状、存在问题及其产生的原因。

第一节　问卷及访谈设计

一、问卷设计

第一阶段:确定主题及范围。将相关主题的电子文献资料与纸质文档资料充分整理结合,主要在中国知网、重庆政府部门网站等多个数据库和网站进行文献搜索和查阅,在把握研究背景的基础上,确定研究范围、设题逻辑和依据。

第二阶段:调查问卷的维度设定。在阅读了大量文献和书籍的基础上,以"头脑风暴法"的方式来探讨问卷的维度设定,并结合具体研究目的与研究内容,在充分吸收和借鉴一些学者观点的基础上,将重庆市农村公共文化服务供给研究范畴确定为公共文化服务供给情况、需求情况、社会参与情况、满意度情况4个主要方面。通过对上述4个方面进行深度分析,确定其主体内容。

第三阶段:确定问卷维度与指标。经多次交流探讨及文献查阅,认为以上4个方面是目前重庆市乃至全国农村公共文化服务供给研究中具有代表性的几个方面。因此,将调查问卷分为4个部分,在借鉴段晓月[1]及其他学者相关问卷的基础上,分别给4个部分设计相应

①段晓月.北碚区农村老年人公共文化服务创新研究[D].重庆:西南大学,2017.

题目。每个部分将从供给情况、需求情况、参与情况、供给满意度4个方面进行问题设计,以期最终形成全方位、多维度的调查问卷。

第四阶段:完善问卷。在拟订问卷初稿的基础上,聘请相关专家进行4次面对面指导,探讨问卷的内容框架和结构,在问卷成型的基础上发放问卷进行预调查,通过预调查再次对问卷进行修改完善,最后得到成熟的问卷。如此,经由问卷发放、回收、数据录入与处理、数据分析等步骤对重庆市农村公共文化服务供给状况进行分析,获得第一手资料。

调查问卷主要包括四大板块。第一个板块为基本信息搜集,主要用于统计被调查者的性别、职业、文化程度、居住地等个人信息情况,同时还对城乡居民参与公共文化服务情况做初步统计。第二个板块为农村公共文化供给状况调查,主要是对重庆市农村公共文化服务供给情况、公共文化服务需求情况、社会参与情况、公共文化服务供给满意度开展深度调查,充分掌握本地居民对当前农村公共文化服务供给的满意程度。第三个板块是对重庆市农村公共文化服务的需求情况展开调查,包括对公共文化服务设施及其使用情况、公共文化活动类型与形式、公共文化服务供给困难等方面的调查。第四个板块是对公共文化设施、活动、主体和政策的满意度情况进行调查。问卷量表的构成如表2-1所示,具体信息见附录一。

表2-1　问卷量表设计

量表名称	题项数量	量表计分
基本信息	6	
公共文化服务供给情况	23	部分题项使用李克特5点量表计分,“1”代表非常不满意,“5”代表非常满意
公共文化服务需求情况	11	
社会参与情况	3	
公共文化服务供给满意度	4	
合计	47	

资料来源:根据调查问卷整理

二、访谈设计

根据研究需要,为进一步了解重庆市农村公共文化服务供给现状,制定了相应的访谈提纲(见附录二)。访谈的对象包括村干部、文化企业领导、公共文化管理部门领导和工作人员,通过访谈了解被调研农村地区公共文化服务设施、公共文化服务活动、公共文化服务人员、公共文化服务居民参与、财政投入等情况,根据访谈记录概括出当前重庆市农村地区公共文化服务供给中存在的问题。

三、调研方式

问卷调查：采取进乡村、进企业、进政府部门的方法发放问卷，在填写过程中调查员与调查对象进行面对面的有效沟通，随时答疑解惑。问卷填写完毕后，给予调查对象牙刷、毛巾等小礼物以示感谢。

一对一访谈：访谈对象为村干部、文化企业领导、公共文化管理部门领导和工作人员，主要采用一问一答的方式进行，并根据实际访谈情景与具体语境进行发散式深度访谈。

第二节 调研实施

为保证调研数据的真实有效，共发放700份调查问卷。根据调研的区域平均分配调查问卷的数量，包括向负责农村公共文化服务的相关部门领导和工作人员、村委会负责人、村公共文化工作人员与农村居民等发放问卷共700份，剔除无效问卷，回收有效问卷656份，问卷有效率为93.71%。

一、调研地区

本次问卷调研地区，涉及巫溪县、万州区、北碚区、沙坪坝区、璧山区5个区县，具体问卷分发情况如表2-2所示。

表2-2 调查问卷分发情况

所属行政区域	问卷发放数量	调研具体部门及地区
巫溪县	140份	文化委员会、住房与城乡建设委员会、民政局、柏杨街道、逍遥广场、文峰镇人民政府、三宝村、文峰村、红池坝社区
万州区	140份	学府广场、长坪乡人民政府、长坪乡社区、长坪乡金福村、高笋塘区域、孙家镇社区、孙家镇天宝村
北碚区	140份	转龙村、民权村、天生街道办事处、歇马镇、澄江镇、天奇广场、西南大学南社区、西南大学北社区、北温泉街道、天生街道荷花池社区、龙车村
沙坪坝区	140份	凤凰镇、八字桥村、凤凰村、童家桥街道
璧山区	140份	正兴镇、朝阳村、团结村
合计	700份	

资料来源：根据实际调研过程整理

除发放问卷以外，还对调研区县相关部门的主要负责人、基层社区工作人员和居民进行了访谈，如巫溪县文化委副主任、文峰镇镇长、柏杨街道党委书记等，以及万州区长坪乡人大主席、金福村村主任以及相关农村居民等，通过访谈的形式进一步采集所需信息，为研究的开展奠定基础。

二、调研实施过程

第一阶段（2018年5月10日—2018年5月13日）：进行问卷的预调研，在预调研过程中课题组成员积极吸取被调查者对当前问卷的反馈意见，并根据反馈意见不断修正和完善调查问卷，最终形成正式问卷。

第二阶段（2018年5月14日—2018年5月18日）：在问卷正式发放之前，所有参与的调研员通过为期3天的专家问卷调查培训，让问卷调查员了解调研过程中需注意的事项以及访谈沟通交流的方法。本次问卷发放的地点为巫溪县、万州区，采用抽样调查的方法对巫溪县、万州区所辖街道（乡镇）的相关部门主要负责人、基层工作人员、社区工作人员、村委工作人员和居民，分别进行访谈、调查问卷的发放及回收。

第三阶段（2018年5月19日—2018年5月20日）：本次问卷发放的地点为重庆市北碚区，采用抽样调查的方法对北碚区所辖街道（乡镇）的基层工作人员，社区、村委工作人员和居民，分别进行访谈、调查问卷的发放及回收。

第四阶段（2018年5月21日—2018年5月23日）：本次问卷发放的地点为重庆市沙坪坝区，采用抽样调查的方法对沙坪坝区所辖街道（乡镇）的基层工作人员，社区、村委工作人员和居民，分别进行访谈、调查问卷的发放及回收。

第五阶段（2018年5月24日—2018年5月26日）：本次问卷发放的地点为重庆市璧山区，采用抽样调查的方法对璧山区基层工作人员、社区工作人员、村委工作人员和居民，分别进行访谈、调查问卷的发放及回收。

第六阶段（2018年5月27日—2018年5月30日）：课题组成员对回收的问卷依次进行编号和录入，分别统计5个区县问卷的发放、回收以及有效问卷等情况，形成有效数据，为后期定量分析与定性分析做好准备。

三、调研对象特征

根据回收的656份问卷，按照被调查群体的个人特征分布情况分析，具体如表2-3所示。

表2-3　个人特征分布情况

类别		频数	所占百分比
性别	男	300	45.73%
	女	356	54.27%
年龄	18岁及以下	20	3.05%
	19~35岁	192	29.27%
	36~50岁	220	33.54%
	51~59岁	132	20.12%
	60岁及以上	92	14.02%

续表

类别		频数	所占百分比
文化程度	初中及以下	200	30.49%
	高中、中专、技校等	152	23.17%
	大专	144	21.95%
	本科及以上	128	19.51%
	未接受教育	32	4.88%
政治面貌	中共党员	200	30.49%
	共青团员	108	16.46%
	民主党派	16	2.44%
	群众	332	50.61%
职业	农民	236	35.98%
	学生	48	7.32%
	在外务工者	60	9.14%
	村干部	60	9.14%
	农村文体骨干	36	5.49%
	下岗失业人员	8	1.22%
	其他	208	31.71%

资料来源:根据调查问卷整理

调研对象基本特征如下:

(1)从被调查者性别特征分布来看:男性300人,女性356人,女性占比较大,达到54.27%,男性比例为45.73%。

(2)从被调查者年龄来看:36~50岁占比最大达到33.54%,19~35岁占比29.27%。

(3)从职业看:农民236人,占35.98%;学生48人,占比7.32%;在外务工者60人,占比9.14%;村干部60人,占比9.14%;农村文体骨干

36人，占比5.49%；下岗失业人员8人，占比1.22%；其他职业占比31.71%。

综上分析，样本涉及农民、外出务工人员，既有村干部、文体骨干，又有学生，而且调查对象男女比例、学历结构分布都较平衡，因此，本问卷设计及分析能达到研究的预期目标。

第三节　重庆市农村公共文化服务供给现状分析

一、农村公共文化活动开展顺利

通过入户访谈以及分析问卷数据，我们发现政府公共文化下乡活动主要涉及科普讲座、地方民俗文化活动、文艺演出、送戏下乡、大学生“三下乡”、放电影等，这些文化活动为满足农村公共文化服务需求发挥了一定的作用。

如图2-1所示，重庆市农村公共文化服务活动总体开展顺利，尤其文艺演出、放电影、发放书籍开展活动占比较高，分别达到60.40%、53.70%、36.00%，送戏和科普讲座也得到有序开展，这说明重庆市非常重视农村公共文化服务工作。2018年6月，重庆市委宣传部等4个部门联合印发了《重庆市推动乡村文化振兴工作方案》，制定了2020年攻坚战、2035年持久战、2050年远景规划3个实施节点，提出了全市乡村文化振兴的阶段性目标，其中特别提到要开展乡村文化供给优化升级行动，让重庆市农村的公共文化设施、队伍、活动和投入得到保障①。

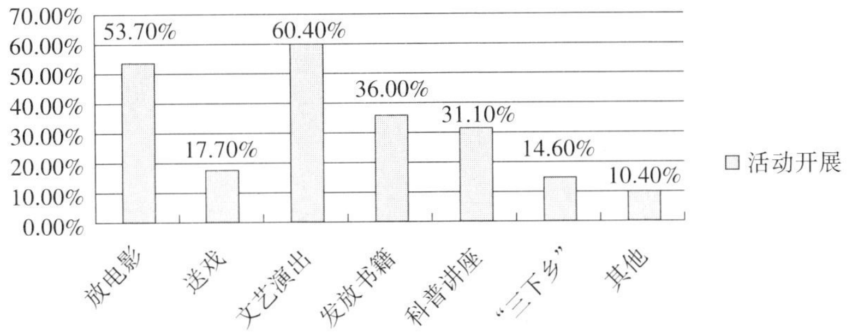

图2-1　重庆市农村公共文化服务活动开展情况

资料来源：根据调查问卷整理

如图2-2所示，从文艺演出、送戏下乡、放电影、科普讲座、地方民俗文化活动等方面来看，重庆市农村居民对所提供的公共文化服务基本满意，但给出“一般”评价的人数最多，居于各个程度之上，“比较满意”的居于其次，说明重庆市对于农村公共文化服务活动的重视和投入越来越大，农村居民通过重庆市农村公共文化服务供给获得的满意度也越来越高，农村公共文化服务的开展让农村居民生活越来越丰富多彩。从具体内容来看，虽然“不满意”的人数较少，但对于“科普讲座”这一形式“不满意”人数更多，对于“送戏下乡”这一形式“不太满意”的人数也更多。因此，农村居民对于“科普讲座”“送戏下乡”等文化形式有更多的需求，需要在这些方面推陈出新，创新活动内容和形式，加大供给力度。

①颜安，王丽．定了，全市乡村文化振兴就这么干[N]．重庆日报，2018-06-28(003版)．

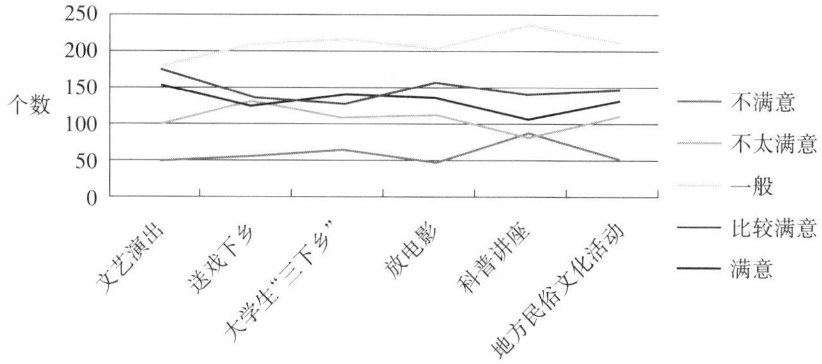

图 2-2　重庆市农村公共文化服务活动的满意度情况

资料来源：根据调查问卷整理

根据图 2-3 提供的数据，重庆市农村公共文化服务活动经常开展的情况占比最高，达到 40.20%，仅有 12.20% 表示从未开展，可见在重庆市绝大部分农村地区经常开展公共文化服务活动。因此，无论是从公共文化服务活动的开展情况来看，还是从农村居民对公共文化服务的满意情况以及公共文化活动的开展频次等方面来看，重庆市农村公共文化活动均得到了有序和顺利开展。

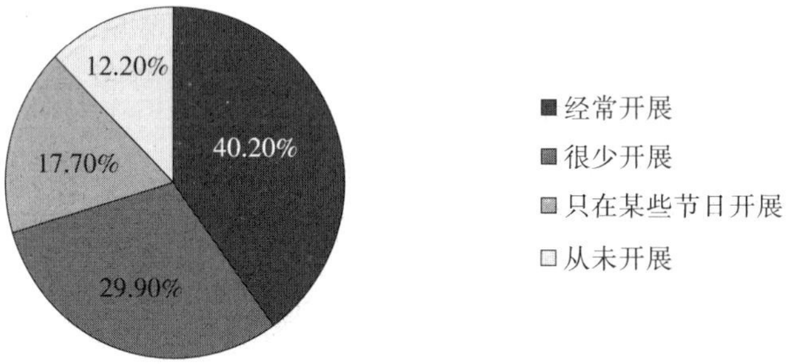

图 2-3　重庆市农村公共文化服务活动频率

资料来源：根据调查问卷整理

二、农村居民参与意愿日益强烈

农村居民参与公共文化活动的意愿强烈，一方面表现在积极参与放电影、文艺演出或送戏下乡等公共文化活动，在调查过程中，当问及"您愿意参加这些（放电影、送戏或文艺演出）公共文化活动吗？"时，回答"愿意"的农村居民占85.8%，回答"不愿意"的则只占14.2%。如图2-4所示，有61.59%的农村居民反映公共文化活动有参与环节。另一方面表现在农村居民自发组织公共文化活动的意愿上，随着农村公共文化需求的增长，在当地政府提供的公共文化活动难以充分满足自己的文化需求时，农村居民期待能亲自参与，他们往往会采取自娱自乐的方式或以家庭为单位自发地组织棋牌、广场舞等文娱活动。

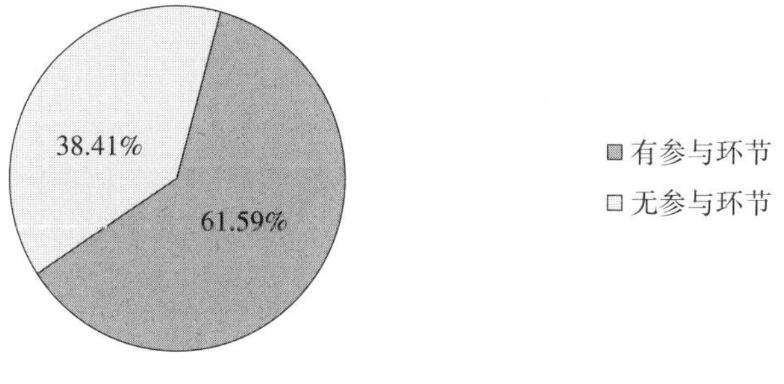

图2-4　重庆市农村公共文化服务活动有无参与环节情况

资料来源：根据调查问卷整理

同时，农村居民为公共文化服务供给提供建议的意愿也相当强烈。当被问及"您是否愿意为农村公共文化服务建设提供建议？"时，大部分农村居民表示愿意。重庆市公共文化管理部门对农村居民参与公共文化活动也推出了一些奖励措施，如图2-5所示，政府公共文化管理部门给参与各项文化活动获奖的成员奖励一些生活用品，对积极组织参与公共文化的农村居民提供一些物质上的奖励，总体来讲有56.70%的农村居民了解这些奖励措施。因此，可以看出，农村居民在很大程度上希望能够参加公共文化活动，并希望农村公共文化服务能够更加完善，供给更加具有针对性，以保障自身的基本公共文化权益。因此，应充分开发农村公共文化活动空间，创新活动形式，提高农村居民参与公共文化活动的积极性和主动性。

图2-5　农村居民参与农村公共活动是否有奖励情况

资料来源：根据调查问卷整理

三、农村居民公共文化服务水平提高

党的十九大报告指出，要完善公共文化服务体系，深入实施文化惠民工程，丰富群众性文化活动[1]，为推进农村公共文化服务指明了方向。重庆市也在大力提升农村和贫困地区的公共文化服务水平，推进

①习近平．决胜全面建成小康社会 夺取新时代中国特色社会主义伟大胜利——在中国共产党第十九次全国代表大会上的报告[M]．北京：人民出版社，2017:44.

文化惠民工程建设，加强公共文化服务供给。

如图2-6所示，24.40%的农村居民认为公共文化需求得到了满足，47.60%的农村居民认为公共文化需求基本得到了满足，整体满足比例达72%。可见，随着重庆市公共文化供给的进一步加强，无论是公共文化活动的开展，还是公共文化设施的建设完善，都为重庆市农村地区居民获取公共文化服务提供了有利条件。

重庆市农村公共文化服务水平的提升，有赖于健全的投入保障机制。重庆市不断加大公共文化服务财政投入力度，为重大文化设施建设、重大文化惠民工程实施、公共文化场所免费开放以及重大文化活动开展提供了良好的保障。同时，重庆市还注重加强文化人才队伍的建设，各村（社区）由政府购买相应的公益文化岗位，形成了比较健全的四级公共文化服务网络。这些完善公共文化服务的措施有效确保了重庆市农村居民的文化需求得到更好的满足。

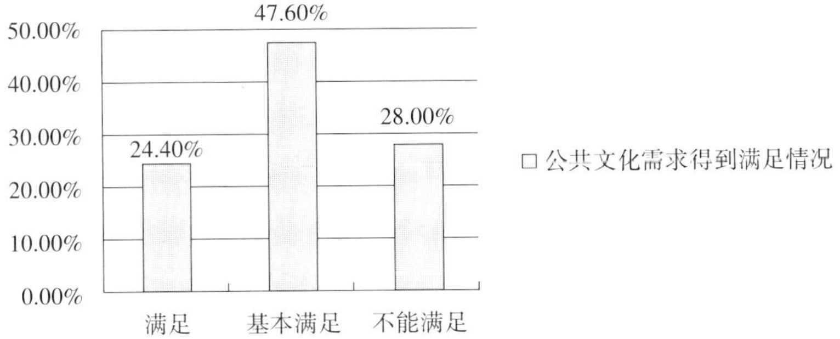

图2-6 重庆市农村居民公共文化需求满足情况

资料来源：根据调查问卷整理

四、农村公共文化设施逐渐完善

公共文化设施是提供公共文化服务的重要载体,具体包括文体设施、娱乐设施、文化大院、农家书屋等。因此,农村公共文化服务供给的效果如何,与公共文化设施具有密切关系。近年来,重庆市加大公共文化基础设施建设力度,如农村文化场馆、综合文化服务中心、惠民电影放映厅等设施不断完善,而且设施条件得到了显著改善,覆盖率得到了显著提升。

图2-7所示为重庆市农村文化中心建设情况,文化中心包括基层文化服务中心、文化站、文化大院,这些文化中心为重庆市农村公共文化服务的供给提供了载体,绝大部分的公共文化活动都是在此基础上展开的,同时公共文化设施的建设也是围绕着文化中心配套展开的。可以看出,已经建设完工的或者正在建设中的农村文化服务中心已基本覆盖整个农村地区。根据图2-7显示,重庆市农村地区的文化中心近70%的地区已建成,另外5%左右的正在建设,没有文化中心的只占到10%左右。因此,正是文化中心的建设,为重庆市农村公共文化服务水平的提升提供了重要支撑。但是,还存在部分农村居民不了解或者不知情的情况,应该加强宣传,让更多农村居民参与进来,以更好发挥农村文化中心的作用和功能。

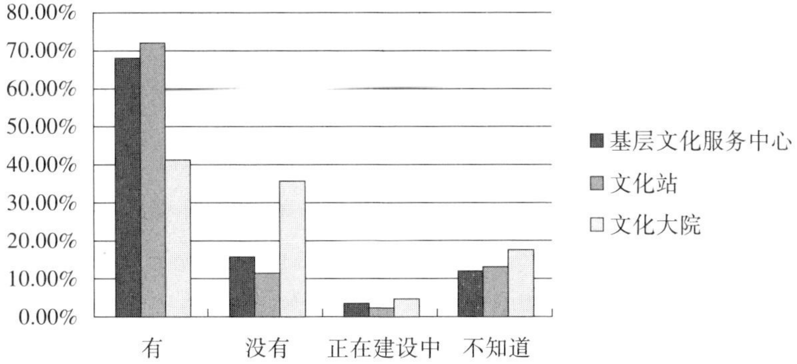

图 2-7 重庆市农村文化中心建设情况

资料来源:根据调查问卷整理

除了文化中心的建设之外,重庆市农村地区基本公共文化设施建设也取得了较大进步。如图 2-8 所示,文化活动室,音响、健身等器材,宣传栏/电子阅览栏,文化广场等基础设施覆盖面比较大,这与重庆市在农村公共文化服务设施方面的投入增加有关。例如,铜梁区在基层综合性文化服务中心建设的规划中就提出,每个村应建设至少 1 个综合性文化服务中心,中心要设有 1 个图书阅览室(农家书屋或社区书屋)、1 个电子阅览室、1 个便民办事大厅、1 个多功能厅(科学普及、村民议事等),并配备完善基本设备。室外文体广场设置有阅报栏、体育健身、篮球架、简易舞台(戏台)等设备。[①]但是从图 2-8 中也反映出一定的问题,尤其是流动文化车和电脑室等文化设施在农村的覆盖率还比较低。由此可知,要实现农村基本公共文化服务设施的全覆盖,还需要进一步完善供给体系,加强对流动文化车、电脑室等文化设施的投入和供给,并使之真正发挥效益。

①重庆市铜梁区人民政府办公室.关于印发铜梁区基层综合性文化服务中心建设规划(2016—2019 年)的通知(铜府办〔2017〕44 号)[Z].2017-03-31.

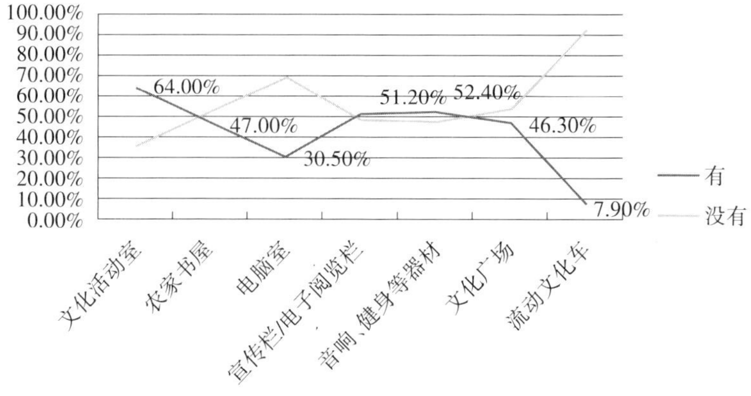

图2-8　重庆市农村公共文化设施建设情况

资料来源:根据调查问卷整理

第三章
重庆市农村公共文化服务供给存在的问题及其原因分析

第一节 重庆市农村公共文化服务供给存在的问题

一、文化类社会组织参与存在阻碍

农村公共文化服务供给不能仅靠政府来提供，文化类社会组织对农村公共文化服务的供给起着举足轻重的作用，但是在重庆市社会组织中，提供公共文化服务类的社会组织数量较少，而且在已有的文化类社会组织内部也存在着行政依赖性较强、运行不规范、缺乏专业性、优秀人才少的问题。

图3-1中显示，仅有24.40%的农民对社会组织参与公共文化服务供给表示满意，“比较满意”的占25.60%，“一般”的占27.50%，“不满意”“不太满意”的共占到了22.50%。从总体上来看，农村居民对于文化类社会组织的满意度不高，社会组织在农村公共文化服务中发挥的作用有限。因此，应积极拓宽渠道，给予社会组织更多政策支持，简化登记和准入手续，加强专业队伍建设，给予身份认同，同时要加强其行业自律、绩效评估和社会信用体系建设，引导和激发社会组织发挥专业力量，积极投身到农村公共文化服务事业中来。

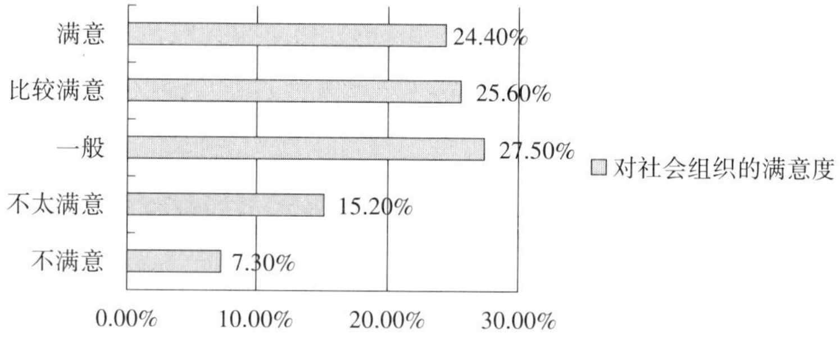

图3-1　农村居民对社会组织提供公共文化服务的满意度

资料来源：根据调查问卷整理

二、公共文化服务供给需求失衡

农村公共文化服务的供给客体主要是农村居民，该群体具有其特殊性，具体表现是：在思想意识层面，对外界新的思想意识接受有一定的过程；在认知水平上，受到人生阅历的限制；在学习上，学习接受能力相对不高；在经济来源方面，主要靠务农、外出打工。因此，需要深入农村调研，了解和认识农村公共文化服务的现状以及农村居民对公共文化服务的需求。

农村居民是一个特殊的社会群体，因此农村地区公共文化服务基础设施的提供需要符合农村的特殊属性，满足其公共文化服务的基本需求乃至高层次需求。通过对重庆市部分农村地区进行深入调研，我们发现政府公共文化管理部门在提供农村公共文化服务的实践过程中，存在农村公共文化基础设施供需不匹配的问题，即已提供的农村公共文化基础设施与农村居民实际所需要的不相吻合，已有的公共服务设施利用效率低，而满足农村居民所需要的公共文化设施或设备却非常紧缺。如图3-2所示，宣传栏/电子阅报栏、文化活动室、农家书屋明显供过于求，而电脑室、文化广场则供不应求。在体育、辅助设施方面，一方面，乡镇（街道）或村（社区）虽配置了农村群众体育活动器材设备，但乡镇之间和各村庄之间配备的标准差距大，尤其是村与村之间的差距明显，影响了农村公共文化服务均等化的实现。另一方面，农村体育、康复辅助设施，如轮椅、老年康复仪等多数被陈列在村委会而很少被利用，导致多数器材闲置不用，流于形式，不能真正发挥效益,造成资源闲置或浪费。

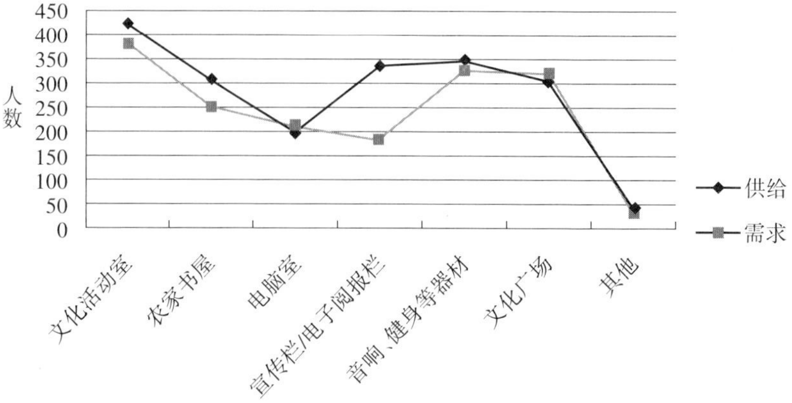

图3-2　农村公共文化设施供给需求

资料来源:根据调查问卷整理

只有认识和把握农村居民对公共文化的具体需求,才能选择相匹配的供给内容和方式。通过图3-3可以看出,在实际文化下乡过程中,农村居民对文化"三下乡"、发放书籍、送戏的需求明显大于供给,而根据调研访谈我们了解到,农村居民喜爱的文艺演出偏少,电影放映的形式较多,而且电影播放的内容选材缺乏考虑,难以引起农村居民的共鸣和喜爱。同时,农村居民对送戏的需求很大,对有些文艺演出并不是很感兴趣。随着农村经济发展水平的不断提高,农村居民认识到了知识、文化对提高收入和生活质量的重要影响,因此比较喜欢关于科技、文化、知识的"三下乡"活动,更加乐于接受知识型的文化宣传和演出。

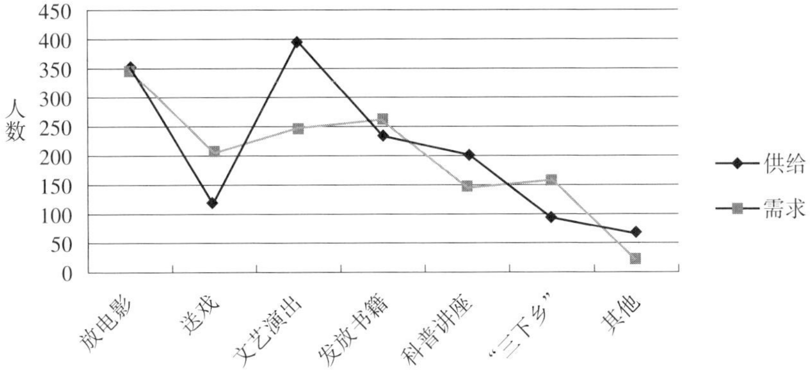

图3-3　农村公共文化活动供需关系

资料来源:根据调查问卷整理

除了供需不平衡之外,还存在没有考虑到特殊群体的需求的问题。一方面是重庆市乡镇一级政府或第三方的社会组织在提供农村公共文化服务的过程中,深入农村基层调研互动不足,难以了解实际情况。在调研过程中我们发现,农村老年人口较多,还有部分残疾人和幼童,在实际公共文化设施建设中,多是按照正常健康人群为标准进行建设的,在调研中有约36%的农村地区没有为特殊群体配备公共文化设施,忽视了特殊群体享受农村公共文化服务的权益,因此在一定程度上降低了公共文化服务的公平感。

三、公共文化服务沟通渠道不畅

重庆市农村公共文化服务供给是政府的一项重要服务职能,若要提高农村居民公共文化服务的满意度，关键是要在了解农村居民公共文化需求的基础上进行合理的公共文化服务活动和设施的配置。然而，在实际公共文化服务供给工作中存在沟通障碍，这影响了政府对于农村公共文化服务的质量评判。一方面，相关部门对于公共文化服务的相关政策宣传不到位，农村居民无法了解自己享有的公共文化权益；另一方面，政府方面缺少对农村居民公共文化服务相关诉求的反馈渠道，不能直接、合理地获取农村居民的公共文化服务需求并为其提供顺畅的沟通条件。根据调研数据（见图3-4），农村居民获取公共文化服务的渠道比较单一，多是通过电视、广播和村干部通知，对于相关公共文化服务的政策也基本上是靠村干部传达。相较于电视、广播和村干部通知，农村居民更希望能将相关公共文化服务和相关公共文化设施的建设情况通过村里的宣传栏进行公示，因为有时广播听不清、未能及时收听或者村干部忘记通知，那么就会造成农村居民对公共文化服务活动信息无从知晓或了解不够深入的情况。

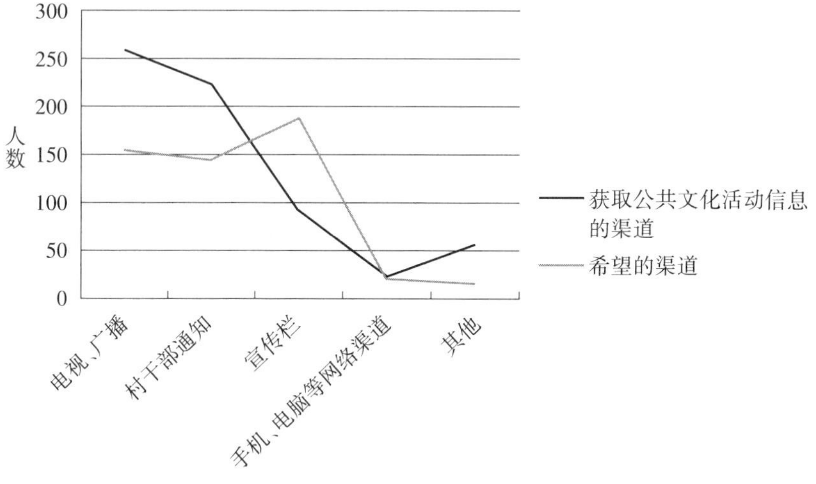

图3-4 农村公共文化服务获取渠道

资料来源：根据调查问卷整理

对于农村公共文化服务反馈的途径，如图3-5所示，59.80%的农村居民是告知村干部，12.80%的人通过电话反馈给相关部门，有3.70%是反馈给村里德高望重的人，23.70%的人表示无反馈途径。可以看出，一方面农村居民具有反馈公共文化服务需求的意愿，另一方面他们反馈的渠道比较少且很单一，更多是依赖村干部，很大一部分人还没有找到合适的反馈途径，影响了农村居民享有符合其需求的公共文化服务的权益。

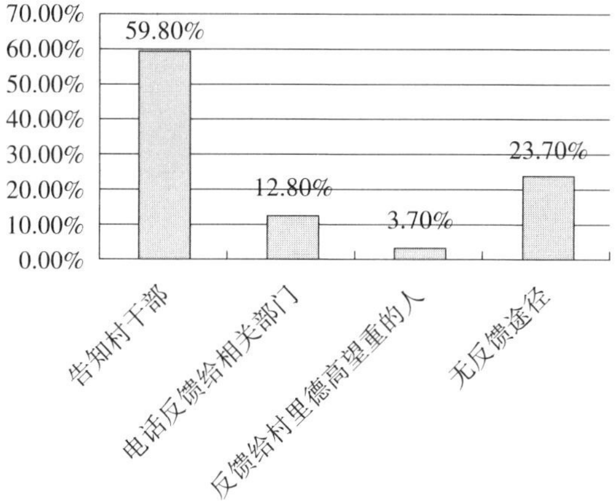

图3-5 农村公共文化服务的反馈途径

资料来源：根据调查问卷整理

因此，在农村居民对享有的公共文化服务权益和相关政策不太了解的现实情况下，政府公共文化管理部门有义务加大服务力度，对公共文化服务在推进过程中产生的问题以及农村居民需求进行调研和了解，并通过科学的评估把握农村公共文化服务的发展动态，以提升农村公共文化服务的针对性和有效性。如图3-6所示，根据调研情况来看，没有开展公共文化服务评估的比重达到了45.70%，根据访谈发现不少村存在公共文化服务设施建设完成后无人管理、坏了无人维修、无定期更新的现象；而且42.70%的调查对象反映，并没有人询问自己关于公共文化服务的需求，有些地方是乡镇里按照统一标准在各村修建公共文化设施，公共文化活动也是统一购买，然后各村巡回演出。因此，根据农村居民的需求来提供公共文化服务的针对性不足，导致公共文化服务效果不够理想。

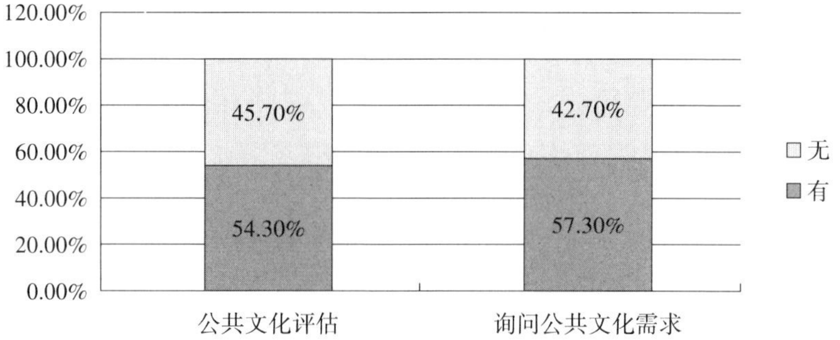

图3-6 农村公共文化服务评估情况

资料来源：根据调查问卷整理

总的来讲，农村居民获取公共文化服务信息的渠道和反馈公共文化需求的途径都比较单一和有限，这是导致供需难以有效对接的一个重要原因。同时，对于农村公共文化服务的评估和考核比较少，重视程度不够，这既影响了农村公共文化服务的配置效率，也不利于满足农村居民日益增长的公共文化服务需求和提高重庆市农村公共文化服务的质量。

四、农村公共文化服务专职人员不足

文化工作队伍是开展文化工作的骨干力量，需要具备尽心尽责的工作作风、一专多能的业务水平、较高的文化修养和过硬的政治素质。[①]目前，重庆市和区县的公共文化服务队伍较为健全，管理相对规范，投入也较多；乡镇和村级的公共文化服务队伍比较匮乏，而且素质亟待提升，多数文化站、农家书屋未能正常运行甚至无人管理，存在专业管理队伍不足、专业性缺乏的情况。乡镇（街道）文化专干年龄结构老化、专业能力不强，不能有效组织开展公共文化服务，每个村（社区）文化服务中心至少应购买1个公益文化岗位的要求还未完全落实到位，多数由村（社区）干部管理，活动难以正常开展。[②]

因此，重庆市农村公共文化服务队伍严重滞后于农村的公共文化需求。农村居民普遍反映，广播、健身设施等公共文化设备损害之后就无人修理，多数公共文化活动也无人组织开展，多是由农村居民自发组织的，这其中除了管理问题之外，很大程度上是由于农村基本公共文化服务人员不足而造成的。因此，重庆市农村公共文化服务工作若要很好地开展，急需基层公共文化管理部门对公共文化服务人员进行制度化管理，加强队伍建设和专业技能培训，提高农村公共文化服务队伍的素质和能力。

从公共文化服务队伍的素质来看，具有正高职称、副高职称的公

①赵丽苹.提升公共文化服务能力 推进文化惠民工程专题调研报告[J].大众文艺，2014(11)：1-3.

②重庆市文化委员会.重庆市人民政府关于我市公共文化服务工作情况的报告[EB/OL].重庆人大网，http:// www.ccpc.cq.cn/home/index/more/id/210462.html，2017-12-14.

共文化服务人员占重庆市公共文化工作人员总量的比重较低，专业技术人才结构不合理。走访调查发现，具有高级职称者多集中在市直属文化单位，而乡镇、村级公共文化单位的高级职称者数量很少。因此，重庆市公共文化服务队伍需要加大力度发展，公共文化服务相关部门和单位亟须补充高级专业技术人才，尤其是涉及农村公共文化服务的相关机构。一是可以通过与高校和科研单位合作，联合培养高层次人才，包括公共文化专业硕士、博士等；二是对公共文化人才给予政策激励和扶持，在指标上突破限制，为他们在农村工作创造良好的工作和生活条件，开通职务晋升、职称评审绿色通道，优秀人才可以采取“一事一议”的做法；三是可以通过柔性方式，从企事业单位、社会组织等灵活引进人才，促进人才交流与培训。

第二节　重庆市农村公共文化服务供给问题的原因分析

一、社会组织参与保障机制缺失

部分公共文化管理部门在农村公共文化服务工作中，对农村公共文化服务的规划和具体实施方案不够细化，以致在具体的操作过程中发挥的指导作用不够明显，服务意识和管理能力有待加强。而作为公共文化服务的重要主体，社会组织对于推进和完善重庆市农村公共文化服务供给具有独特的优势，各级政府应该完善相关政策，为社会组织参与重庆市农村公共文化提供完善的政策保障，通过政策保障引导社会组织投入到重庆市农村公共文化服务的建设中来，并对其合法权益给予充分保障，为其参与和发展创造更广阔的空间。从图3-7中可以看出，目前农村公共文化活动的组织部门还是以乡镇政府为主，占到了54.90%；其次是村委会，占到了32.90%；社会组织承接的公共文化服务只占总数的1.20%。可见，社会组织在承接农村公共文化服务上还有很大的提升空间。

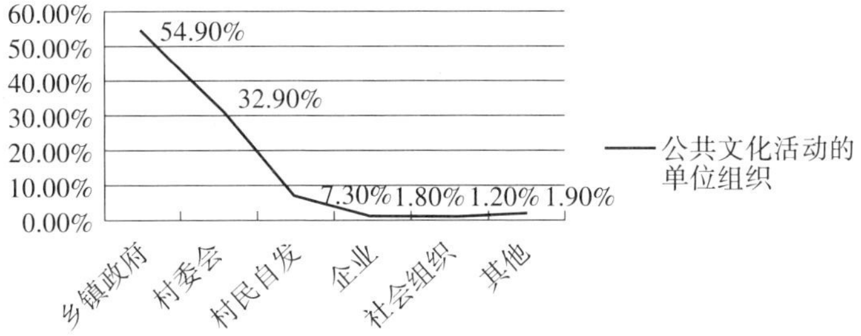

图3-7 农村公共文化活动的组织单位

资料来源：根据调查问卷整理

社会组织参与农村公共文化服务的保障机制缺失，主要体现在政策支持环境有待完善、公共文化服务资源共享机制不健全、激励机制缺乏且激励方式较为单一、一些社会组织被信任度不高、登记和管理比较烦琐等方面。只有对这些问题高度重视并及时解决，才能为社会组织参与重庆市农村公共文化服务奠定良好的基础。

二、农村公共文化服务评估机制不完善

农村公共文化服务在乡村振兴战略中占有非常重要的地位，而公共文化服务评估是完成服务目标并使其活动不断优化的重要环节，是推进乡村文化振兴、治理效能提升和政府公共文化管理部门责任落实的有效工具，又能为农村居民参与和表达诉求提供反馈渠道，因此直接影响着公共文化服务的目标的实现。

目前，重庆市农村公共文化服务的评估指标体系有待进一步完善，既要反映公共文化服务提供的数量和质量，也要及时充分反映农村居民的意愿。如果统计指标和统计方式不科学、不客观，就无法给公共文化管理部门提供有效决策的依据。政府应该吸纳第三方专业评估机构参与农村公共文化服务评估，并运用购买服务的方式或市场机制使其发挥专业能力，完善农村公共文化服务的评估体系。同时，应加强目标管理责任制的运用，强化责任落实，开展专业化的农村公共文化服务评估，改善农村公共文化服务的满意度和认可度。

据调查，重庆市农村公共文化服务效果并不理想。一方面是政府公共文化管理部门重视不足，另一方面是农村缺乏需求反馈渠道。如图3-8所示，在调研中仅有2%的人反映有政府相关人员对重庆市农村公共文化服务开展评估，而高达98%的人反映没有开展过评估活动，这表明重庆市农村公共文化服务的绩效评估体系尚未完善。同时，重庆市很多农村地区依然使用报表统计，这样的手段虽然成本低，但是也造成了数据的滞后和失真，从而影响了上级政府部门对农村公

共文化服务基本情况的认定，导致相应的政策、规划与农村的实际情况不符，因此不利于农村公共文化服务体系的发展和完善。调研发现，为数不少的农村居民对所提供的公共文化服务并不满意，但是缺少反馈渠道，主要依靠村干部向上级反映情况，这就会导致农村公共文化服务供给问题不能有效地传达至上级部门，而上级部门也无法制定相应的政策措施，以进一步精准保障农村公共文化权益。此外，也没有完全建立责任追究制度，村干部或工作人员即使提供了不准确甚至失真的信息和数据也无法有效追究其责任，未完全将农村公共文化履职尽责情况和提拔奖惩机制联系在一起，一定程度上造成了农村公共文化服务供给失灵。

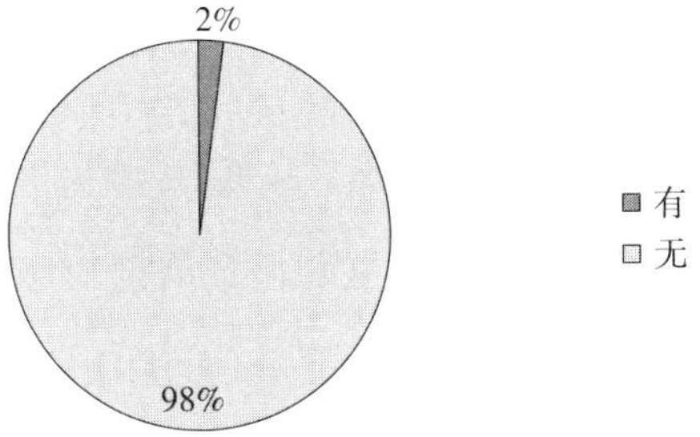

图3-8　农村公共文化服务效果评估

资料来源：根据调查问卷整理

以农家书屋为例，重庆市农村地区很大部分的农家书屋就设立在村干部办公的场所，书目陈旧，在数量和质量上都不达标。当上级领导来检查时，书屋管理员、最新报纸等一应俱全，当上级检查部门走后农家书屋就又关闭了或者消失了，这种情况在重庆市不少地方的农村都存在。另外，政府相关部门下乡调研的频率较低，有些调研询问的内容设计也不合理，多是“有没有放电影”“有没有讲座？次数多不多”

等这些客观数量方面的问题，很少有对如“文化需求有没有得到满足”“对提供的内容和人员满不满意”“有没有参与到公共文化服务之中”“对相关享有的公共文化政策权益有没有了解”等农村居民的主观感受进行了解，导致调研实用性不强，无法反映真实问题。这说明了重庆市农村的公共文化服务效果的评估机制仍需进一步完善。

三、农村公共文化服务沟通机制有待优化

重庆市农村公共文化服务信息沟通渠道较少，宣传和服务不到位，且公共文化服务人员的业务水平较低，一些先进的信息反馈工具无法被充分利用，并且农村公共文化服务信息沟通机制存在不少问题，这反映了重庆市农村公共文化服务信息沟通机制有待优化。目前，重庆市农村公共文化服务信息沟通机制正在逐步完善，但通过先进的技术手段和信息化途径进行信息发布、网络互动的不多，如“微博”“微信公众号”“论坛”等都还没有得到广泛运用。目前，在重庆市有些乡镇政府虽然有相关公共文化服务信息沟通系统、平台、简报、宣传栏等，对于建立和完善信息沟通机制起到了一定的积极作用，但由于受经济、环境、信息等诸多因素的影响，很大一部分农村公共文化服务信息沟通过于分散，农家书屋藏书过于陈旧，农村文化活动中心建立不达标等问题，影响了农村居民享受本该拥有的公共文化权益。

公共文化服务信息沟通机制作为公共文化服务供给运行的重要

保障，起到上传下达的作用，是解决重庆市农村公共文化供给和需求平衡的重要抓手。调研发现，在农村，无论是政策传播渠道的满意度，还是政策信息传播的满意度都很低，平均只能达到23.00%。而公共文化服务信息沟通能否取得良好效果，正是取决于沟通渠道的畅通与否、沟通内容的高效与否以及对需求的回应速度的快慢和处理结果的好坏，其中任何一个环节出现问题都会影响重庆市农村公共文化服务供给的效果，因此需要加以重视并进一步完善。

四、农村公共文化服务人事制度不健全

重庆市农村公共文化服务人员可晋升职位稀缺、晋升结构不合理，通过公开选拔和竞争上岗方式晋升所占的比重不高，在程序和操作方面还需要完善，乡镇一级公共文化服务人员晋升机会较少，村一级的晋升机会更是缺乏。

从图3-9可以看出，58.60%的农村公共文化服务人员由村干部担任，具有专门公共文化服务人员的村庄只占到21.30%，说明大部分公共文化服务人员都是由村干部兼职担任的，缺乏专职岗位的设置，进而影响了重庆市农村地区公共文化服务的效果。

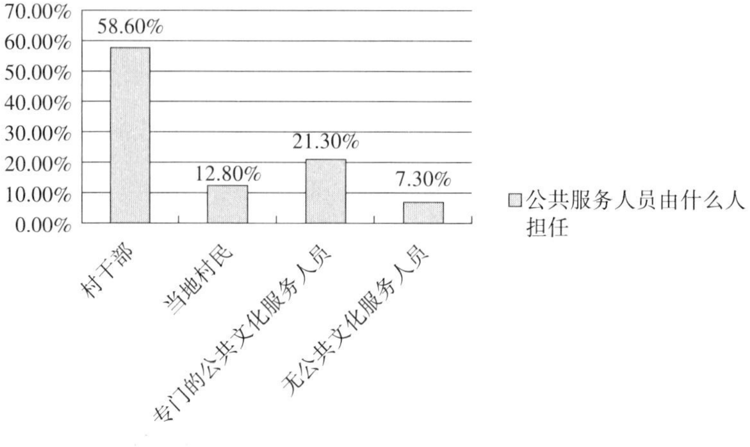

图3-9　农村公共服务人员由什么人担任

资料来源:根据调查问卷整理

关于是否需要公共文化服务专职人员,根据图3-10显示,调查对象中57.30%的人认为"需要",说明目前村干部兼任公共文化服务人员的效果不够好,而农村居民对自己享有的公共文化服务权益很重视,希望通过专职公共文化服务人员来进一步提高自己的获得感。由此可见,农村居民对进一步满足自己公共文化需求的愿望比较强烈。

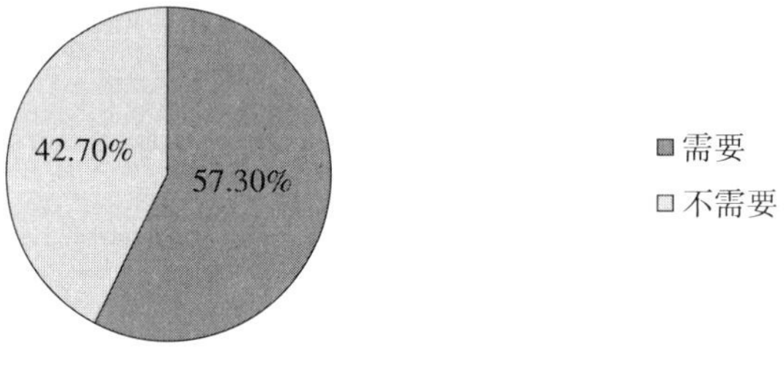

图3-10　农村是否需要公共文化服务专职人员

资料来源:根据调查问卷整理

第四章 重庆市农村公共文化服务供给的发展历程

农村公共文化服务供给是农村地区构建和完善基层公共文化服务体系的核心环节，对重庆市农村公共文化服务供给的发展历程进行回顾，并对其供给过程进行阶段划分，有利于把握重庆市农村公共文化服务的发展特点、现状和规律，找出存在的缺点和不足，进而完善农村公共文化服务供给。

在中国知网CNKI网站的"期刊"数据库中，以"重庆市+农村公共文化+供给"为关键词进行搜索，从1980年开始，截至2018年7月，搜索结果分别如图4-1和图4-2所示，搜索结果中1980年1月至2018年7月文献总数的变化，从侧面反映出重庆市农村公共文化服务供给的发展情况。

从图4-1和图4-2可知，1980—2018年，关于重庆市农村公共文化服务供给的文献篇数总体呈上升趋势，从1980年1篇到2018年7月760篇，增幅巨大，根据增长的幅度变化，大致可分为4个不同的增长阶段:第一阶段,1980—1997年,此阶段由图4-1可知,文献总量较少,整体呈波动上升趋势,从1篇到15篇,这与重庆市积极发展经济和文化有关。

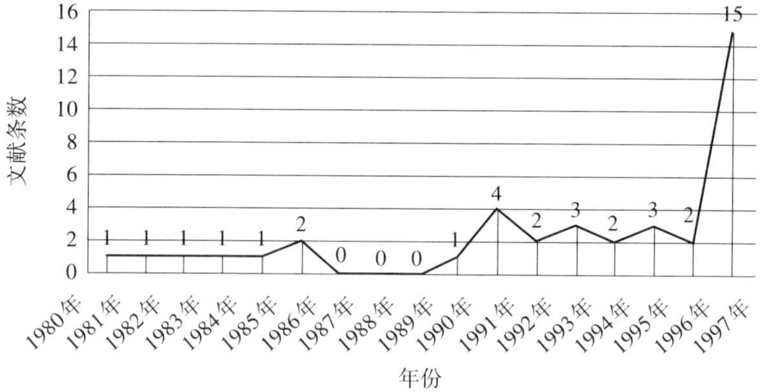

图4-1 1980—1997年CNKI重庆市农村公共文化服务供给文献条数

数据来源:根据CNKI数据库文献整理

第二阶段,由图4-2可知,1998—2007年,文献数量从11篇增长到129篇,此阶段为重庆市成立直辖市之初,处于国民经济和社会发展"九五""十五"计划时期,经济发展较快,政府出台了一系列发展文化方面的政策规划,对文化发展逐步重视。2008—2018年,关于农村公共文化服务供给的文献数量都保持在一个较高增长水平,这源于"十一五"和"十二五"期间重庆市政府对于文化发展的重视,尤其是构建现代公共文化服务体系的要求对于农村公共文化发展的促进,使得此阶段文献增长幅度大且总量高。2016年之后,文献数量更是呈直线上升趋势,2016年11月正是"供给侧结构性改革"提出的时间,这也从侧面表明了国家供给侧结构性改革的提出为农村公共文化供给提供了新思路、新角度。

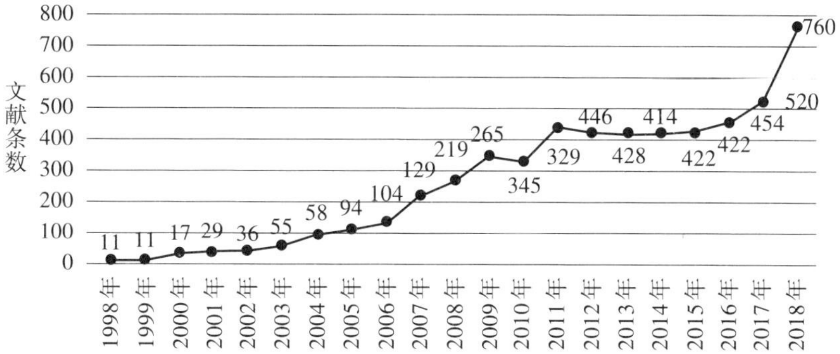

图4-2　1998—2018年8月CNKI重庆市农村公共文化服务供给文献条数

数据来源:根据CNKI数据库文献整理

图4-1和图4-2所反映的情况是重庆市农村公共文化服务自改革开放以来发展的一个缩影,也从侧面反映出了重庆市农村公共文化服务发展的历程。

在经济和社会发展的大背景下,重庆市大力推进供给侧结构性改革,重视文化发展,出台了一系列文化发展规划和政策,对农村公共文化服务也更加重视,从2001年《重庆市国民经济和社会发展第十个五年计划文化发展重点专题规划》到2017年党的十九大,公共文化的战略地位显著提升。重庆市农村公共文化服务经历了从无到有、从不规范到规范、从不均等到逐步均等、从形式单一到多样结合、从仅满足需求到改善供给的过程。按照政策、法规和规划中对农村公共文化的重视程度和供给内容进行划分,重庆市农村公共文化服务供给的发展历程可分为4个阶段,即探索期、分化期、融合期、提升期。

第一节　重庆市农村公共文化服务供给探索期（1949—1977年）

探索期是重庆市农村公共文化服务供给的第一个发展阶段，其时间段为1949年新中国成立至改革开放前。新中国成立后，国家在发展经济的同时开始建设农村公共文化，但农村经济发展水平和农村居民受教育程度较低，由相关公共文化管理部门提供的公共文化服务设施和活动较少，公共文化供给缺乏载体。随着国家政治经济的发展，重庆市农村公共文化建设也开始起步，重庆市在这一时期所承担的任务和责任巨大，不仅要发展经济，保障农村群众的经济利益，还要为农村群众提供公共文化服务，所以重庆市农村公共文化服务的供给处于艰难的探索时期。

一、探索期重庆市农村公共文化服务的供给特点

1.农村公共文化服务波动式发展

新中国成立后，重庆社会政治稳定，经济逐步发展，因此开始重视公共文化服务建设。但因经济基础较薄弱，故此阶段重庆市农村公共文化服务还未形成稳定发展的局面。

文化领域“百花齐放，百家争鸣”方针的提出，极大地提高了广大

文艺工作者的积极性，文化事业发展充满活力，使得我国的公共文化事业建设取得了明显进步，为当时文化艺术的发展指明了方向，也为重庆市农村公共文化服务的发展提供了政策和方向上的指导。所有这些对农村公共文化政策上的支持，为此阶段公共文化的发展提供了条件。而村民群体是这个阶段农村公共文化服务建设的最大动力，他们为当时的农村公共文化服务做出了贡献。在国家大的政治环境影响下，自新中国成立到改革开放前这段时间，重庆市农村公共文化服务供给在探索中发展并波浪式前进。

2.供给内容贫乏且呈现出同质化

在农村公共文化服务供给的探索期，国家面临的最主要的任务就是发展经济，解决全国人民的温饱问题，所以此阶段重庆市农村公共文化供给的内容比较单一且数量贫乏，只在一些条件较好的农村修建了少量公共文化设施，而在人才、资金和文化发展政策领域供给明显不足。此阶段，重庆市主要是通过思想政治教育和政策宣传来调动人民群众参与文化发展的积极性和主动性。同时，在农村地区主要以宣传普及文化教育、扫除文盲为主，辅以给农村居民普及一些农业方面的知识，让他们掌握先进的农业生产技术，从而促进农业生产力的发展。

在供给制度上，改革开放前，我国农村公共文化服务主要采取“制度外供给”方式，即通过非税收的方式来提供公共产品。[①]农村公共文化建设费用来源主要是依靠农村居民自筹、集体分担，国家财政能给予的支持较少，文化多样性在农村公共文化建设中并没有得到很好的

①边晓红.贫困地区公共文化供给侧改革：观念构建与价值选择[J].图书馆论坛，2016(10)：1-6.

展现,公共文化服务供给的内容贫乏,形式单一,同质化特征凸显。

3.供给主体单一

当时国家实行计划经济体制,重庆市农村建设的重点是发展经济,以解决广大农村居民的温饱问题,公共文化活动主要由政府规划和管理。当时,重庆市农村的经济基础非常薄弱,农村居民对于公共文化的需求为现实所束缚,没有能力和意愿去追求更高层次的公共文化服务。所以在这个阶段,重庆市农村公共文化服务供给处于比较艰难和缓慢的局面,供给内容单一,主要任务是积极动员农村居民树立科学意识,扫除文盲,提高文化生活水平。当时,企业和社会单位走进农村参与公共文化服务供给的政策支持有限,其主动性也难以发挥,加之专业服务能力不足,导致探索期农村公共文化服务供给主体比较单一。

4.垂直决策机制

新中国成立初期,国家对省市级文化行政部门的职责做了明确规定,逐渐建立起自上而下的公共文化垂直行政体系,加强了对公共文化服务的规范管理。但由于当时经济发展水平还比较落后,公共文化事业刚刚起步,公共文化设施总量很少。因此,国家逐渐颁布了一系列政策和制度,恢复和发展公共文化设施,但对公共文化发展的支持力度仍然不够,所以农村公共文化服务水平较低,农村居民参与文化生活的主动性和积极性不高,参与度不足。

重庆市当时的公共文化体制也是采取自上而下的垂直管理体系,有利于集中资源,统一调度分配,提高公共文化建设的效率。但是,农村公共文化需求表达渠道和平台缺失,公共文化服务供给实行单纯的自上而下的方式,导致农村公共文化服务需求很难得到有效满足。

5.筹资渠道单一

这一时期发展的重心是恢复工业发展,因此资金主要投到了工业发展上,农村的公共文化产品和设施的供给严重不足。而且,社会力量参与农村公共文化服务有限,企业也缺乏动力和契机参与农村公共文化服务的供给。单一的筹资方式,加上政府有限的财政投入,导致了资金不足,农村公共文化服务发展比较缓慢。

二、探索期国家及重庆市出台的关于发展公共文化的政策

该阶段,国家经济文化事业百废待兴,开始逐步制定适应当时经济政治发展阶段的公共文化政策,发布了一系列发展和规范公共文化服务的政策、办法(见表4-1)。重庆市在此期间发布的关于公共文化发展的政策文件较少,主要是贯彻落实国家发布的通知和命令。

表4-1 探索期国家公共文化政策出台及执行情况①

时间	文件名称	主要内容
1951年	《关于开展春节群众宣传工作和文艺工作的指示》	对春节期间文艺工作的开展和宣传做了总体安排,旨在丰富春节期间群众的文化生活
1952年	《关于一九五二年春节群众文艺工作的指示》	

①李少惠,张红娟.建国以来我国公共文化政策的发展[J].社会主义研究,2010(2):110-114.

续表

时间	文件名称	主要内容
1953年12月	《整顿和加强文化馆、站工作的指示》	对文化馆等相关文化服务部门的工作性质和任务做了明确安排,明确了文化馆的功能
1954年6月	《关于加强工矿、工地、企业中文化艺术工作的指示》	重视工业企业中文化艺术工作的开展,明确将工矿企业的文化发展纳入国家文化发展计划的范围
1956年	《关于群众艺术馆的任务和工作的通知》	明确了群众艺术馆的文化工作任务,在各地区迅速建立群众艺术馆,发挥群众艺术馆的服务群众的文化功能

资料来源:根据文献整理

1951—1956年,国家出台的一系列政策法规促进了文化的发展,无论是对文化馆、艺术馆等服务载体的功能及秩序,还是对假期的群众公共文化服务,都做了明确安排。由于相关机构还未设置完善,重庆市出台的发展公共文化的政策较少,专门出台针对农村公共文化服务的政策则更少。随着农村群众对公共文化服务的需求和向往程度增大,重庆市公共文化管理部门开始探索提供更具针对性的农村公共文化服务措施。

第二节　重庆市农村公共文化服务供给分化期(1978—1996年)

分化期是重庆市农村公共文化服务供给发展的第二个阶段,时间为十一届三中全会的召开至重庆直辖市成立前。党的十一届三中全会带来了政治、经济、社会等各个领域的改革开放，也为整个公共文化的发展带来了机遇，重庆市农村公共文化服务的发展进入一个新的阶段。在此阶段，重庆成了全国第一个经济体制综合改革试点城市并实行计划单列，重庆市农村公共文化发展逐步得到加强，加上物质生活条件的逐渐改善，使得农村居民对精神文化生活的需求增加，政府对农村公共文化服务的供给也更加重视。随着改革开放带动经济发展，重庆市农村公共文化服务发展逐渐进入政府、市场二者分散主导的分化时期。

一、分化期重庆市农村公共文化服务的供给特点

1.公共文化政策缺乏

从农村公共文化发展纵向来看，改革开放以后，农村进行了经济体制改革，经济发展迅速，广大农村群众的物质生活条件提高了，但此阶段重庆市农村公共文化设施依旧十分缺乏和简陋，与城市公共文化服务的发展差距很大。重庆市建成了一批乡镇文化设施，但同时大部分农村公共文化服务供给依然落后，很多农村地区没有乡镇文化站、村卫生室和图书室，更偏远的地区甚至基本没有公共文化设施，农村群众对公共文化相关政策也无从知晓。

该时期关于重庆市农村公共文化发展方面的政策有限，即使出台了一些促进农村公共文化发展的政策，但政策落实效率较低，有些政

策尚需配套完善，对农村公共文化发展的引导机制不健全，缺乏开展公共文化活动的积极性。

2.文化财政投入少

改革开放后，重庆市农村的生产力得到了极大解放，在物质财富增加的基础上，农村居民追求文化享受的积极性和主动性被激发出来，生活内容更加丰富，生活方式更加多元化，需求趋向多样性，对农村公共文化服务供给提出了要求。农村居民公共文化服务需求的增加要求政府必须投入人力、物力、财力，用于农村公共文化服务建设。但改革开放初期，经济发展虽有所提升，但总体实力不强、经济总量不足，加之农村的经济恢复与发展要投入大量资金，能用于建设农村公共文化的财政资金比例较小。

3.信息传递的单向性

此阶段公共文化供给信息为单向传递模式，供给内容与需求信息无法直接互通，农村公共文化工作者与政策制定者之间缺乏沟通交流机制，没有从根本上打破政府对农村公共文化的单一供给，缺乏双向的信息沟通渠道来传递农村群众真正的文化需求。

信息传递的单向性主要原因是公共文化信息传递渠道不完善。该时期，电视机、收音机等公共文化产品尚未在重庆市的农村完全普及，信息传递的媒介主要以传统的口头通知、书面传递的方式进行，传递面窄且非常零散，越往基层信息传递的难度就越大。到村一级时，基本都是由村委会干部宣传，信息传播的效率较低，农村居民参与公共文化生活的意识虽有一定程度的提高，但表达渠道的缺失也阻碍了信息的自下而上传递。

4.呈现出市场化倾向

改革开放后,部分文化事业单位进行了不同程度的企业化改革,政府也出台了政策允许社会资本支持公共文化事业的发展。1988年文化部颁布的《关于加强文化市场管理工作的通知》,对文化市场的范围以法规的形式进行了界定。1992年邓小平南方谈话,加快了中国市场化改革的进程,在公共文化领域也积极进行了文化事业单位市场化改革,意在提高文化事业单位的服务效率,增强文化供给的经济能力。国家支持公共文化市场化发展,推动政、事分离,在改革文化事业单位的同时,注重发挥文化市场的积极性,引导市场资金、人才流向文化建设领域,推动县、乡公共文化设施建设,如科技馆、文化站等。公共文化市场化的发展为重庆市农村公共文化服务供给提供了更多的资源,这也是分化期市场与政府分化进行公共文化服务供给的表现。

此阶段重庆市农村公共文化市场与文化事业的发展没有形成一个系统的体系,在供给内容上存在重复供给、分散供给的现象,导致许多农村地区的公共文化建设只停留在了表面,忽略了农村的实际公共文化需求。

5.专业人才供给不足

改革开放初期,城市经济的恢复和发展吸引了大量人才的流入,农村文化人才匮乏。农村公共文化服务人员基本都是由村委会干部担任,专业文化人才缺乏,部分有文化专业服务人员的农村,往往一人兼多职,无法将精力全部用于公共文化服务上。该阶段重庆市农村文化人才供给不足主要体现在以下两个方面:

一是人才总量不足。重庆市城乡人口流动较大,农村一些学历高、有知识的人才都流向了城市或沿海地区,加之公共文化服务方面的专业人才培养数量较少，因此专业公共文化服务人才短缺。大多数公共文化服务人员学历、文化程度都较低，缺乏专业技能，不能结合当时当地农村的特色发挥主观能动性来满足农村居民的公共文化需求，一些文化场地也缺乏投入和管理，没有发挥出文化服务功能。

二是人才结构不合理。这种不合理体现在人才的能力素质、年龄分布上，农村公共文化服务人员老龄化现象比较严重，且文化程度偏低，基本没有受过专业文化管理培训。同时，农村公共文化服务工作条件较差，工资待遇不高，工作人员的积极性也难以调动。

二、分化期重庆市出台的关于发展农村公共文化服务的政策

该时期国家出台了一系列恢复公共文化发展的政策和措施，1981年中宣部、文化部、团中央颁布的《关于活跃农村文化生活的几点意见》、1981年中共中央下发的《关于关心人民群众文化生活的指示》(中发〔1981〕31号)、1984年《国务院办公厅转发文化部〈关于当前农村文化站问题的请示〉的通知》(国办发〔1984〕21号)等政策，要求重视农村文化生活，解决农村文化发展的困难，通过开展"以文补文"的活动来解决经费问题，并明确了农村文化站的性质和任务，强调在经费和专业队伍建设上给予保障。1996年10月，党的十四届六中全会通过了《中共中央关于加强社会主义精神文明建设若干重要问题的决议》，为

社会主义精神文明建设、城乡公共文化事业发展指明了方向。

在国家政策的大力支持下，重庆市农村公共文化服务得到了很大的发展，开始焕发新的活力，部分文化事业单位开始走市场化道路，提高了公共文化服务的效率。但是，农村公共文化服务大都是由政府部门提供，市场参与的机会很少。所以，虽然市场和政府在同时发展公共文化服务，但是效果不佳。随着重庆市经济社会的不断发展，广大农村群众对于公共文化服务水平的重视程度和个性化要求都在逐渐提升，因此需进一步发动市场力量，加强农村地区公共文化项目的建设，提升公共文化服务水平，发挥社会主体参与农村公共文化服务供给的积极性，提高供给效率。

第三节　重庆市农村公共文化服务供给融合期（1997—2007年）

1997年重庆成为直辖市，行政地位提高，在国际国内面临更多的发展机遇，因此其农村公共文化的发展也进入一个新的时期。在这一时期，重庆市公共文化发展的重点虽依然在城市，但公共文化作为农村建设的重要内容，使得重庆市政府已逐渐将更多的政策、财政资金和资源用于农村公共文化服务发展上。

一、融合期重庆市农村公共文化服务的供给特点

1. 更加重视农村公共文化发展

从宏观方面来看，该时期大力发展社会主义文化和精神文明建设，农村公共文化服务成为建设小康社会的一项重要内容，国家提出了统筹城乡发展的目标，积极从农村公共文化建设着手调整城乡二元结构。由此，国家宏观政策为重庆市农村公共文化建设提供了动力和支持。

重庆自成为直辖市以后，其公共文化领域的政策出台颇多，在重视城市公共文化发展的同时，重庆市逐渐将发展的重点转向农村公共文化建设中来。这一时期关于农村地区公共文化发展的政策总量虽仍然较少，但重庆市已逐渐将农村公共文化建设纳入国民经济和社会发展等的长远规划中，并加强城乡之间的合作、帮助、转移。如政府公共文化管理部门组织了流动文化工程，开展大量的送书、送戏、送电影等文化下乡活动，丰富农村居民的文化生活，并将市区的大量博物馆、文化馆等向公众免费开放。这也是重庆市统筹城乡发展的结果。重庆市高度重视城乡统筹问题，着力通过建立新的城乡关系，来推动“大农村”的发展，其中重要任务之一就是发展农村公共文化，促进城乡共同发展，并从政策上给予支持与倾斜，为农村的公共文化发展提供政策保障，引导人力、财力、物力等资源逐渐向农村倾斜。因此，公共文化政策所带来的福利，使农村居民参与公共文化的积极性不断提高。

2.农村公共文化设施增加

重庆成立直辖市后，行政地位提高，在经济方面也有了更多的自主权与发展机遇，经济发展速度和总量都有了很大程度的提升，这对于公共文化发展具有明显的推动作用。同时，因为社会福利政策的发展，农村居民的生活方式发生了显著变化，对于公共文化服务的需求日益增长，为此政府持续增加了公共文化领域的投入和公共文化设施的供给。这一时期，重庆市电视、广播等公共文化设施的覆盖率稳步提升，其他如健身、学习、娱乐等公共文化设施的供给量都有大幅提升，还在部分农村地区修建了阅览室，并对农村的公共文化资源进行了有效整合，发挥了规模效应，提高了公共文化设施的使用率。

3.市场供给程度加强

计划经济时期，农村公共文化供给模式是政府集中提供、集中配置，其结果是政府财政压力加大，但农村公共文化服务供给的效果却一般，农村居民的积极性也没有得到充分调动，而且很多农村优质文化资源未能有效开发和保护，供需矛盾逐渐突出。

融合期的重庆市农村公共文化主要还是依靠政府供给，但是与前两个阶段相比最大的不同在于，公共文化资源模式开始向市场配置资源转变，文化产业得到壮大和发展，为重庆市农村公共文化服务供给提供了多样化、个性化的服务，在缓解政府供给压力的同时，也是对农村公共文化服务供给的有效补充。

4.文化监管体制欠缺

从政府制定公共文化政策到具体落实，进而满足农村居民真正的公共文化需求，都需要完善的监督机制来确保公共文化服务的每一个环节准确实施到位。对于重庆市来说，农村公共文化服务供给与城市的相比，由于其面积广阔、人口分散，对供给过程、供给主体的监管难度更大。重庆市提出构建四级农村文化网络，在财政投入上较之前有所增加，但因当时公共文化服务供给的绩效评估多是自上而下进行的，缺乏学者、公众、媒体的监督，单一的评估方式使评估结果缺乏科学性。绩效评价的指标并未真实反映农村公共文化服务的供给效果，忽视了供给的真实质量，且评估多是一次性的，缺乏事后监督评估，有效反馈较少。农村公共文化服务的供给缺乏监管评估，导致农村部分公共文化服务不能完全落实到位。

5.供给结构失衡

供给结构失衡是指政府的公共文化服务供给与农村居民的实际文化需求不太相符，供给与需求出现一定程度的脱节，这体现在供给内容与供给形式两个方面。在供给内容方面，由于受农村经济发展水平的限制，公共文化服务供给内容比较陈旧，农家书屋没有及时更新书籍报刊，下乡放映电影次数少，放映场地简陋，部分地区甚至同一部影片持续放映，仅能完成放映任务，对于放映的内容是否符合农村居民的兴趣则缺乏调研和反馈。随着农村经济发展水平的提高，农村居民公共文化需求多样化特点更加明显，电视机、网络资源等替代品的出现使光顾农家书屋和观看电影的人越来越少，这导致政府投入了不少人力、物力、财力来发展农村公共文化，但效果仍不理想，也造成了公共资源的浪费。在供给形式上，农村公共文化服务形式较为单一，举办的部分文化活动与农村居民的实际生活体验相差较大，超出了农村居民所能理解的范围，缺乏农村居民喜闻乐见的文化形式和供给内容，因此农村居民参与的积极性仍然不够高。

文化与人民群众的生活密切相关，如果脱离了群众的生产生活实践,将很难让人产生共鸣。融合期农村公共文化服务供需结构失衡的原因在于缺乏对农村居民实际需求的调研,而且农村居民反馈文化需求的渠道不畅,上级政府部门了解农村公共文化服务的真实供给情况较为困难。农村公共文化服务供给结构失衡这一问题,需要通过完善文化供给的体制机制来解决。

二、融合期重庆市出台的关于发展文化的政策

融合期重庆市公共文化服务发展速度较快,发展重点逐渐由城市转向农村,农村公共文化服务进步迅速,供给端得到明显改善。该时期重庆市出台的文化发展方面的政策如表4-2所示。

表4-2　融合期重庆市出台的关于发展文化的政策

时间	文件名称	主要内容
1997年6月	《重庆市国民经济和社会发展第九个五年计划和2010年远景目标纲要》	重视文化人才培养,推动城市公共文化向老、少、边、穷地区扩散
2001年9月	《重庆市国民经济和社会发展第十个五年计划文化发展重点专题规划》	加强农村四级文化网络建设,切实做到经费、人员、阵地、活动“四落实”,继续实施农村电影放映“2131”工程
2001年12月	《重庆市国民经济和社会发展第十个五年计划城镇化发展重点专题规划》	进一步加强直辖市文化设施建设,并统筹建设城镇文化设施

续表

时间	文件名称	主要内容
2004年4月	《重庆市人民政府办公厅关于印发文化体制改革试点中支持文化产业发展和经营性文化事业单位转制为企业的两个实施办法(试行)的通知》	提出支持文化产业发展,在财政税收、投融资、资产处置等方面给予文化产业企业优惠,积极推动国有文化资产转制,推动经营性文化事业单位发展
2006年1月	《重庆市国民经济和社会发展第十一个五年规划纲要》	加快农村公共文化基础设施建设,完善制度保障,建设村级综合服务体系工程
2006年12月	《重庆市人民政府办公厅关于进一步做好新时期广播电视村村通工作的通知》	推动广播电视村村通工程建设,完善农村广播电视基础设施建设

资料来源:根据相关文献和网站资料整理

该阶段出台的关于农村公共文化服务发展的政策增多,纵向比较,相关机制和政策更加完善,但与北京、上海、天津3个直辖市进行横向比较,重庆市农村公共文化服务供给还存在不小差距。这一阶段,重庆市对农村公共文化服务供给人力、物力、财力的投入虽然有所增加,但城乡二元结构进一步拉大了城乡公共文化服务供给的差距。要想改变城乡公共文化服务供给结构失衡的现象,可通过3条途径解决:一是进一步完善财政收入分配体制;二是建立健全需求表达和反馈机制;三是提高农村居民的参与度。处于融合期的重庆市农村公共文化服务供给开始多元参与合作模式的探索,这一重大变革改变了政府承担过多、负担过重的局面,同时也解决了政府和市场在公共文化服务供给上相互分化的缺陷,将农村公共文化服务的供给转变为政府、市场、社会公众三者相结合的模式,使得农村公共文化服务的供给向健康、有序和规范的方向发展。

第四节 重庆市农村公共文化服务供给提升期（2008年至今）

自2008年以后，重庆市农村公共文化建设已经进入到提升期，表现为结合过去的发展经验，深入推进农村公共文化服务，不断改善公共文化服务建设质量。

一、提升期重庆市农村公共文化服务的供给特点

1.农村公共文化供给体系逐渐完善

2007年8月，中共中央办公厅、国务院办公厅发布《关于加强公共文化服务体系建设的若干意见》（中办发〔2007〕21号），从此公共文化服务体系建设上升到了国家战略的地位，公共文化服务的功能定位更加明晰。而且，对农村公共文化服务体系建设的内涵、建设要求更加清晰，任务更加明确，农村公共文化服务在整个公共文化服务体系建设中的作用愈加重要。在国家宏观政策对公共文化发展的支持引导下，重庆市在农村公共文化服务体系建设方面也做了大量实际工作，为建立覆盖城乡的公共文化服务体系做出了总体规划布局。但供给内容总体比较分散，对农村和城市的供给未形成一个完备的体系。之后，重庆相关政府部门进一步推动职能完善，把握农村居民公共文化

的实际需求，保障农村居民的公共文化权利，构建农村四级公共文化服务体系和现代公共文化服务体系。

2. 基本公共文化服务供给突出均等化和标准化

国家高度重视推进基本公共文化服务均等化，并颁布了一系列政策文件。国家“十二五”规划纲要将实现基本公共文化服务均等化作为经济社会发展的重要工作，2011年10月十七届六中全会通过的《中共中央关于深化文化体制改革　推动社会主义文化大发展大繁荣若干重大问题的决定》，2012年2月中共中央办公厅、国务院办公厅印发的《国家“十二五”时期文化改革发展规划纲要》均强调努力实现基本公共文化服务均等化，增加农村文化服务总量，缩小城乡文化发展差距。2015年1月，中共中央办公厅、国务院办公厅印发《关于加快构建现代公共文化服务体系的意见》《国家基本公共文化服务指导标准（2015—2020年）》，进一步强调促进城乡基本公共文化服务均等化，推进农村公共文化服务设施建设，加强农村文化队伍建设等目标任务，推动了基础设施建设、管理过程、服务效能、绩效考核评估的标准化和规范化。2017年5月，中共中央办公厅、国务院办公厅印发了《国家“十三五”时期文化发展改革规划纲要》，提出要统筹城乡文化发展，加快构建普惠性、保基本、均等化、可持续的现代公共文化服务体系。总体来看，国家的这些政策和规划对农村公共文化服务供给非常重视，动员各种力量参与农村公共文化活动，加大基本公共文化服务供给，实现不同年龄群体、不同性别、不同收入以及城乡之间都能公平地享受基本公共文化服务。

随着国家提出加强农村公共文化建设的要求，尤其是构建现代公共文化服务体系的目标和任务，重庆市积极贯彻落实国家公共文化政策,结合重庆市实际发展情况,探索均等化、标准化的公共文化服务供给方式和供给内容,将公共文化资源向老、少、边、穷农村地区倾斜。同时,将促进基本公共文化服务均等化作为构建现代公共文化服务体系的重要内容,积极推行国家发布的基本公共文化服务标准基础,缩小城乡之间、不同区域之间基本公共文化服务发展的差距。当下,在基本公共文化服务均等化的过程中,重庆市要充分实现内容均等、机会均等和结果均等,还需要政府公共文化管理部门进一步整合各级各类文化资源和力量,完善公共文化政策,加大农村地区公共文化服务投入,确保农村公共文化服务质量。

3.供给主体和方式多元化

农村公共文化服务供给过去主要由政府承担,这样不仅增加了政府的财政压力,供给效果也不理想。为此,随着服务型政府建设和政府职能的转变,社会组织在基层治理中的作用越发凸显,社会力量开始进入农村公共文化服务供给市场,供给主体逐渐由单一走向多元,为农村居民提供多元、高效、个性化的公共文化服务,受到农村群众的肯定。重庆市农村公共文化服务供给的社会参与主体主要包括4个方面,即农村居民、社会组织、社区和企业。当前社会主体参与农村公共文化服务供给还停留在较为基础的层面,主要体现在按照政府要求供给公共文化服务并积极参与举办活动,对于参与制定公共文化政策、监督政策执行等高层次的参与较少。

重庆市以积极扶持和鼓励群众自己创造精品文化产品,通过相关政策推动群众发挥积极性和创造性,提供文化精品。同时,积极引入市场力量以及社会志愿者力量参与农村公共文化服务,采用政府供给、市场供给、志愿供给相结合的方式,不仅提高了农村公共文化服务供给效率，也切实满足了农村居民多样化的需求。

4.农村公共文化发展政策更加细化

重庆市出台了一系列发展公共文化的政策、规划和文件，农村公共文化服务政策所占的比例逐步提高且更加量化，对农村公共文化设施、公共文化活动开展次数、专业人才供给数量、财政资金补贴情况、技术提供等方面进行规定，内容更加具体，更容易对提供的内容和完成情况进行考察和监督。

与融合期相比，提升期农村公共文化服务政策和规划的实施内容都明确规定了相关项目的主要牵头单位、负责人和督促部门，每一项政策对基本公共文化服务供给都落实了具体指标，也对供给结果的绩效考核提供了参考数据，从而方便监督和管理。在公共文化政策和规划中，除了用量化指标对农村公共文化服务建设任务加以明确外，对农村公共文化服务的具体项目和内容也有了更详细的规定，从强调统筹城乡公共文化服务建设、大力发展农村公共文化等宏观层面的支持，落实到推动基本公共文化服务均等化和标准化、创新公共文化服务供给方式和手段、健全文化市场体系、创新驱动文化发展等具体层面，而且并不只是发展大方向的指引，因此有利于责任落实和资源集中。

5.政府购买公共文化服务

党的十九大报告指出，新时代我国社会的主要矛盾已经转化为人民日益增长的美好生活需要和不平衡不充分的发展之间的矛盾。随着经济社会的发展，农村居民对于公共文化服务需求更加多元，对质量和数量都提出了更高的要求，传统的供给方式已经无法满足其日益增长的多元文化需求。因此，政府公共文化管理部门应注重转变行政职能，重视发挥市场在资源配置上的效率和活力。在社会主要矛盾转化以及农村居民公共文化需求提高的内生动力要求下，政府采取向社会力量购买公共文化服务的方式，提高农村公共文化服务供给质量和效率。2015年，文化部、财政部等多个部门发布《关于做好政府向社会力量购买公共文化服务工作的意见》，对购买机制、评审机制、评价机制和监督机制等提出了要求，鼓励政府部门购买公共文化服务。重庆市积极响应国家政策，发挥社会力量和专业机构优势来购买公共文化服务，取得了良好效果。

重庆市各区县积极开展政府购买公共文化服务活动，例如2017年，石柱土家族自治县为推进流动文化服务进村，完成政府购买公共文化服务1021场次，其中演出高达484场。[①]政府购买公共文化服务的行为，让农村公共文化供给内容变得更加丰富，供给形式也更加多样。另外，政府还加强了“互联网+”在公共文化服务中的应用，建立了公共文化服务大数据平台，显著提升了农村居民对公共文化服务的满意度和参与度，推动了农村公共文化事业的繁荣。

二、提升期重庆市出台的关于发展公共文化的政策

提升期重庆市出台的发展公共文化的政策更加系统，使得农村公共文化供给从零散走向系统，公共文化服务实现了飞跃式发展。2014年9月，重庆市人民政府办公厅发布《关于转发市文化委市财政局政

① 数据来源：调研者从该县公共文化服务工作人员处获得。

府向社会力量购买公共文化演出服务实施方案的通知》(渝府办发〔2014〕115号)。该通知鼓励和要求各级政府部门向社会购买演出,规范相关程序,保障人民群众基本文化需求,并注重向基层社区、农村倾斜。2017年7月,重庆市文化委员会发布《关于印发重庆市乡村文化乐园评选管理办法的通知》(渝文委规〔2017〕10号)。该通知强调加强乡村文化基础设施建设,规范乡村文化市场,突出乡村文化特色,弘扬中华优秀传统文化,以社会主义先进文化引领农村新风尚。2018年6月,重庆市人民政府办公厅发布《关于转发市文化委等部门重庆市传统工艺振兴计划的通知》(渝府办发〔2018〕85号)。该通知要求相关政府部门和各区县加大对非物质文化遗产保护工作的投入,结合乡村振兴、精准扶贫和乡村旅游发展等内容,增强传统街区和村落的活力,培育"一村一品""一镇多品"手工艺特色村镇。这些政策贴近实际,推进了农村公共文化服务供给的层次提升和方式创新。

2017年3月1日起正式实施的《中华人民共和国公共文化服务保障法》,首次从法律层面对农村以及特殊群体的公共文化服务权益给予保障。要推动城乡公共文化服务发展一体化,优化农村公共文化服务供给,各种文化资源、财政资源、人才资源向农村流动,相关法律和制度建设是先行保障。重庆市依据该部法律对公共文化服务人员进行了一系列培训,提高了公共文化服务人员的服务质量与法治文化思维,对重庆市农村公共文化发展起到了很好的推动和保障作用。

互联网的发展改变了传统的公共文化服务供给形式,数字化公共文化服务方式开始在农村普及,供给方式更加多样,供给内容更容易被公共文化服务对象所接受。随着互联网和电子化技术的快速发展,重庆市农村公共文化服务的覆盖面更广,形式和内容更加丰富。另外，社会力量的参与不仅缓解了政府的财政压力，推动了政府职能转变，还提供了更符合农村居民需求和更高效的文化服务。可见，引导社会力量参与农村公共文化发展是农村公共文化服务供给优化的必然趋势。

新时代重庆市农村公共文化服务供给面临的挑战主要体现在公共文化服务的大众化和网络化程度不高、公共文化服务供给的空间失衡、公共文化发展不均衡等方面。其中，最明显的就是公共文化服务的供给城乡不协调、针对性不强和供给不足等问题。所以，重庆市应积极响应国家的公共文化政策，结合供给侧结构性改革，不断深入了解农村群众对于公共文化的需求，并在原来的供给模式上完善制度和机制、优化供给结构，提高公共文化服务供给效率。同时，重庆市相关政府部门需要建立有助于农村居民表达的线上开放网络平台，线下提供专门听取和沟通民意的表达场所，如此才能更好地完善公共文化服务供给，提高服务满意度。此外，还需要建立和完善公共文化服务的法律保障体系，提高公共文化供给质量和人员素质，为农村居民提供他们最需要、最适合的公共文化服务。

第五章 重庆市农村公共文化服务供给的制约因素

农村公共文化的有效供给是我国完善公共文化服务体系、健全公共文化保障机制的重要组成部分，是新时代全面建成小康社会的关键之举，是提高人民获得感、幸福感的核心环节。重庆市城市和农村结构的“组团式”“抱团式”分布特点、区域间自然条件与资源禀赋以及发展现状等方面的差距，导致重庆市农村公共文化服务供给受到制约，这加剧了重庆市农村公共文化服务供给的难度。因此，基于供给侧结构性改革下合理规划解决措施、找出制约因素、解决重庆市农村公共文化服务供给困境、不断满足重庆市农村居民日益增长的公共文化服务需求、维护重庆市农村居民基本公共文化权益等方面具有重大意义。

改善农村公共文化服务的供给水平，满足农村居民日益增长的公共文化需求，进而使农村居民能够共享公共文化服务的发展成果，是重庆市农村公共文化服务供给的战略目标。为了实现这一目标，重庆市采取了一系列措施推进农村的建设发展，其中关于农村公共文化服务问题一直是重中之重，包括积极响应中央提出的文化共享工程、建设重庆特色数据库、全方位覆盖信息共享、完善文化下乡“六送”活动等，以期建立重庆市农村公共文化发展的长效机制。

虽然重庆市农村公共文化服务建设取得了明显成效，但是农村公共文化服务的供给依然存在着不少制约因素，这阻碍了农村公共文化服务的持续优化。从供给侧结构性改革的视角，研究重庆市农村公共文化服务的现状和存在问题，找出重庆市农村公共文化服务供给的制约因素，有利于深入把握问题和症结所在，并为后续优化机制奠定坚实的基础，进而提出基于供给侧结构性改革的重庆市农村公共文化服务供给优化策略。

第一节　因素识别：根据社会调查与问卷访谈结果确定

在高质量发展和乡村振兴战略的大背景下，重庆市积极推进供给侧结构性改革，重视公共文化服务体系的建设，出台了一系列健全公共文化服务体系的规划和政策，认真履行了公共文化建设这一重要的政府职能，推进了公共文化建设与发展。因此，重庆市农村公共文化服务完成了从少到多、从不稳定到稳定的升级过程。基层文化服务的需求者和感受者是广大的人民群众，所以文化供给的内容要根据群众的实际需求来提供。如果公共文化建设的内容不符合人民群众的需求,那么势必造成社会资源的浪费。[①]因此,有必要通过调研和访谈等社会调查方法,掌握重庆市农村公共文化服务需求和供给情况,进而从供给方面来提高供给效果。

问卷访谈法是获取一手资料的重要研究方法,为了进一步了解重庆市农村公共文化服务供给现状,精确找出农村公共文化服务供给的制约因素,我们以重庆市农村公共文化服务供给为研究出发点,编制访谈内容,分析重庆市农村公共文化服务的质量和效果,主要针对重庆市农村地区的公共文化工作人员、服务群体等相关负责人和受益群体进行了访谈。访谈内容主要包括公共文化供给现状、供给效果满意度和不足原因,以及农村居民未来希望获得哪些公共文化服务供给等方面。通过访谈,了解重庆市公共文化供给的基本状况、方式、效果以及制约因素,为进一步促进公共文化服务供给机制的优化升级提供依据。

为了更好地获取重庆市农村地区公共文化服务供给状况,根据公共文化服务的具体情况,对重庆市农村公共文化服务供给制约因素的分析主要有两种方式,即社会调查和访谈资料。

一、社会调查

社会调查主要采取填写问卷的形式,本次实地问卷调查采用当场发放、填写并回收的方式,共回收有效问卷656份,问卷有效率为

①梁玉菊,李雨书.供给侧改革视角下基层公共文化建设浅析[J].统计与管理,2017(10):135-137.

93.71%。问卷的设计包括4个板块，一是通过对基本信息的搜集进行初步统计，二是对重庆市农村公共文化服务供给现状展开进一步调查研究，三是对重庆市农村公共文化服务的需求情况进行深入调查，四是对满意度的调查。我们力求通过对这4个板块的调查研究，挖掘公共文化供给背后的制约因素，以提高重庆市农村公共文化供给的有效性。

通过对重庆市巫溪县、万州区、沙坪坝区、北碚区等区县乡镇的社会调查，我们获得了公共文化服务供给现状，分析数据得出群众满意度，如图5-1所示。在总体满意度上，“满足”占24.40%，“基本满足”占47.60%，“不能满足”占28.00%。在具体项目上，农村居民认为最应该加强供给的公共文化服务有文化活动室，选择改进百分比高达61.6%，这与多数乡镇群众因当地活动室数量少或服务水平不高有关，因此对其满意度不高。

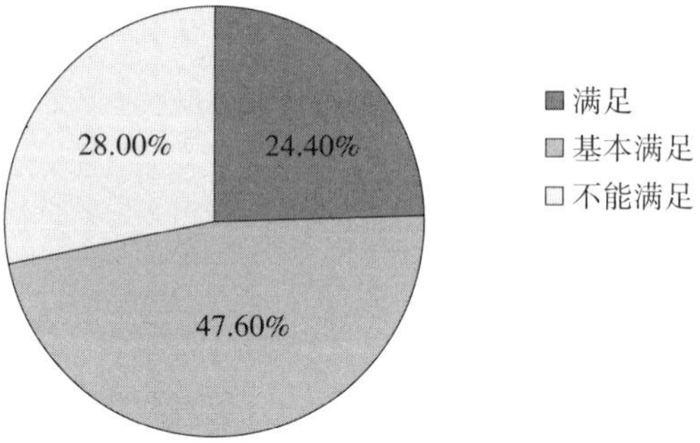

图5-1　农村公共文化需求是否得到满足情况

资料来源：根据调查数据整理

二、访谈资料

为了进一步深入了解重庆市农村公共文化服务供给的制约因素、原因并探索其改进路径，我们分别在重庆市巫溪县、万州区、北碚区以及沙坪坝区等地进行访谈，以期收集到更为详细的数据资料，其中访谈政府负责人共30人，政府相关部门人员50人，普通群众120人。

在确定制约因素上，主要借助对政府服务人员、农村居民访谈的分析。通过访谈我们发现，重庆市农村居民对公共文化的供给整体上持满意态度，并认为现阶段公共文化服务建设的制约因素主要表现为需求表达不顺畅、供给政策不健全、供给模式传统化、供给需求不平衡等。以下是摘取的部分访谈内容。

访谈地点：巫溪县文化委员会

访谈时间：2018年5月15日

问：您认为在农村公共文化服务供给上，县里的政策有没有认真落实？具体供给效果如何？

王某答：制定的政策都是认真贯彻实施了的，我们这里每年拨的款基本都是用在指标里的。说到供给效果，我觉得还是基本可以，毕竟县里还是想要先发展经济，对文化服务这块还不是太重视。

马某答：具体供给过程中，政府比较吃力，因为缺乏社会组织的支持帮助。文化方面的企业很少，企业自身运营都较困难，没有精力投入到公共文化服务建设中。有部分企业会下乡进行宣传，但只是消费季做产品促销活动，变相宣传企业的销售优惠政策，其目的是赢利。

访谈地点:巫溪县文峰镇文峰村

访谈时间:2018年5月16日

问:村里公共文化设施有哪些? 例如广场、健身器材等。

向某答:2016年,文广新局在我们村征地一亩多,建设体育广场和文化广场,文广新局给我们配了健身器材,原来计划今年在街道上与镇政府合作,建设文化大院,居民可以休闲。我们现在的文化活动主要有篮球、乒乓球比赛等,每天晚上跳坝坝舞。我们的坝坝舞发展得比较早。从2011年开始,镇上举办的10月庆国庆活动,我们都派出队员参加表演和比赛。

柳某答:在2014年、2015年、2016年,我们有文艺会演比赛、太极拳比赛,公共文化主要是让居民陶冶情操、强身健体,上级政府每一季度会对我们考核一次,主要包括我们多久开展一次体育活动、需要多少人参加,要有照片、会议纪要,要求我们这里运动场的面积不低于1000平方米,运动器材不得低于8件等。

访谈地点:万州区长坪乡人民政府

访谈时间:2018年5月17日

问:乡里开展的公共文化活动、公共文化基础设施的供给现状如何?

祝某答:长坪乡包括“四村一居”,在农村公共文化设施方面:乡里建有农村公共文化室、农家书屋、电子阅览室,其中农家书屋中的书籍不低于1500册,有的村有3000多册。乡里对农村文化建设非常重视。体育器材设施方面:“四村一居”只有一个村没有健身器材,其他的都有。文化中心配有不到300册的图书,还有羽毛球、跳绳、音响等器材和设备,开展坝坝舞等活动,文化中心按照“六个一”标准配备文化设施和人员。乡里面建有“五室”,即文化活动室、文化展厅、图书室、电子阅览室和科技培训室,且免费开放。

问:乡政府购买的公共文化服务范围如何?

钱某答:乡政府会购买本村办得好的文化服务在本村演出,区政府购买的下乡,乡政府购买的下村。

问:除政府以外,有无社会组织参与农村公共文化服务供给?

张某答:有农民自发组织,有5支业余文化团队,由政府对其进行管理,加强对这些自办组织的管理培训、考核,从而购买优秀乐队的文化服务。

访谈地点:万州区孙家镇天宝村

访谈时间:2018年5月18日

问:你们一般怎么向农民宣传公共文化政策,多久一次?

赵某答:基本上一季度一次,镇上有文化下乡活动,每年两三次。比如,今年第一次在村办公室举行,第二次在人口密集的地方举行,第三次是在四社、五社较宽敞的地方举行,这是第一种方式;第二种方式,在村上开会时,我们会宣传,现在生活条件改善了,大家都要把身体锻炼好,多开展文化活动,比如跑步、爬山,组织小孩子在一起开展活动,既能锻炼身体,又能避免手机对人体的危害。

张某答:公共文化政策,我们不知道,基本没宣讲过吧。

陈某答:村上这方面的信息主要是去看公告栏,要不就是听别人说,很少有专门的政策宣讲。

李某答:其实我们的想法还是多举办一些娱乐项目,像文艺演出,平时我们这里很少能看到,相关的政策还不清楚。

访谈地点:沙坪坝区凤凰镇

访谈时间:2018年5月22日

问:凤凰镇公共文化设施建设及公共文化活动开展情况如何?

程某答:建有文化站,有专门的公共文化服务人员,有职工篮球、乒乓球比赛等活动,村里在节假日,春节、国庆节等节日会集中开展活动,给每个村配备有农家书屋,由中宣部配套图书,还有健身器材,每个村有指定的专门联系文化的人员。电视实现全覆盖,有固定的文化宣传栏。

问:镇上公共文化活动,居民的参与情况怎么样?

唐某答:居民非常愿意参与,积极性很高。比如政府工作人员在街边邀请农民一起散步,农民都会纷纷参与,一般会走3000米。坝坝舞、散步、文艺活动,村上自己会搞一次。文艺活动观看人数很多,农民参与积极性很高,也都是本乡的农民参与。

问:在农村公共文化服务供给方面,存在哪些制约因素?

杨某答:土地因素。土地使用通过给钱或者换土地的方式获得,主要依靠感情建设,政府搬迁到这里,土地使用是政府给钱,换取农民的土地。公路建设方面,凡占地都要给农民补偿,3500元每亩,同时给予其社保指标。集体成员,土地所有权30年不变,分红分股。

资料来源:根据访谈录音整理

第二节　因素领域:运行机制、政策体系、人才技术、供需结构

重庆市农村公共文化服务供给的完善与否,事关全市公共文化建设的成功与否、共建共治共享的社会治理格局能否早日实现。人民群众日益增长的公共文化服务需求和供给现状在水平、效率以及质量上的不均衡,成为重庆市公共文化建设的一大难点。尤其作为我国面积最大的直辖市、城乡一体化的先行者,重庆市城乡间仍存在自然条件与经济发展等方面的较大差异。在梳理掌握重庆市农村公共文化服务供给所经历的发展路径后,通过深入重庆市农村进行社会调查和问卷访谈,基于对重庆市农村公共文化服务供给现状的了解,本书归纳出了重庆市农村公共文化服务供给的制约因素。制约因素主要分布在运行机制、政策体系、人才技术、供需结构这4个因素领域中。

一、运行机制不健全

供给侧结构性改革主要是提高供给的质量和效率,但农村地区公共文化服务供给效果不佳的一个原因是农村居民需求表达、反馈等运行机制不健全。农村公共文化服务需求表达得准确与否,直接关系到农村公共文化服务供给效率的高低。农村居民公共文化需求表达不

顺畅，相应的反馈路径缺失，也就严重阻碍了重庆市农村公共文化服务的供给优化，影响了农村居民的获得感、幸福感和公平感。因此，运行机制不健全成为重庆市农村公共文化服务供给的重要制约因素之一。其主要表现为以下3点：

1.决策机制不完善

农村公共文化服务的受益主体是广大农村居民，而提供能够满足农村居民需求的公共文化服务也是政府的重要职能之一。传统的政府控制的公共文化供给体系受计划经济影响，由各级政府或其他权力部门控制，形成了政府、政府所属文化机构和国有文化企业三层结构体系，自上而下，广泛复制。①在一定时期内，重庆市对农村公共文化服务的供给，主要采取自上而下的单向流动方式，一定程度上忽视了农村居民对公共文化服务的利益偏好，因此难以提高农村公共文化服务供给水平、质量以及农村公共文化设施的使用率。在重庆市农村公共文化服务供给决策中，公共文化服务供给的内容、数量及种类等基本上由基层政府决定，一定程度上让重庆市农村公共文化供给陷入了需求表达困境。

2.沟通机制单一

完善、有效的农村公共文化服务供给体系，畅通多样化的需求表达渠道，有利于农村居民的需求顺利及时地传达至相关部门，同时鼓励社会力量积极参与供给，充分调动政府、市场以及第三方组织的有效协作，一方面可以提升农村公共文化服务的供给水平、质量，另一方面可以最大限度地降低供给成本，提高公共文化供给效率。通过社会调查与问卷访谈我们发现，农村居民参与公共文化活动热情不高，其

①叶丽红，李晓君.我国公共文化供给现存问题及相关思考[J].兰台世界，2017(24)：71-73.

主要原因在于农村居民公共文化服务需求表达渠道不畅通。如表5-1所示,农村居民获取公共文化活动信息的渠道最多的是村干部告知,占比为34.0%,缺少多维度的反馈渠道。由此可见,在重庆市农村公共文化服务供给过程中,农村居民的需求表达路径呈现出单一化趋势,有待健全和拓展。首先,农村居民在享受文化服务的过程中,由于缺少表达路径,导致参与兴趣不高,因而导致大量的公共文化基础设施遭到闲置或变相闲置,浪费了诸多人力、物力以及财力。其次,需求表达路径的单一低效,容易造成文化服务建设资金不合理分配,进一步扩大供给需求矛盾。最后,在不发达的农村基层组织中,不愿意打破传统、僵化的需求表达路径,导致供给侧与需求侧的矛盾加剧,不利于推进乡村振兴战略。

表5-1　农村居民获取公共文化活动信息的渠道

渠道类型	频率	百分比	有效百分比	累积百分比
广播	165	25.2	25.3	40.0
村干部告知	223	34.0	34.2	74.2
宣传栏	92	14.0	14.1	88.3
听别人说	32	4.9	4.9	93.3
手机、电脑等网络渠道	24	3.7	3.7	96.9
没有渠道了解	20	3.0	3.1	100.0
合计	652	99.4	100.0	
系统缺失	4	0.6		
系统合计	656	100.0		

资料来源:根据问卷数据整理

3.供给机制固化

重庆成立直辖市后,农村地区的公共文化供给受到更多重视。但是,农村公共文化服务的网络化供给方式还不够丰富,表现在以下3个方面:一是在合作供给上,同级政府之间或政府部门与非政府部门之间、村民组织和社会组织之间的合作不足,签订合同、志愿者服务、有偿付费等多样化的合作方式不够健全;二是在社区供给上,主要还是通过传统的方式来提供文化服务,并且缺少优秀的人才来组织提供农村居民需要的公共文化服务;三是在分散供给上,“自上而下”的供给方式不仅阻碍了农村公共文化服务的水平和质量,还导致了农村公共文化服务缺少地方特色。虽然不同层级的政府和部门形成了松散的网络化公共文化服务体制,但集中化的供给方式很大程度上忽视了农村居民实际需求,导致农村居民公共文化服务的接受率不高。

在运行机制不健全的制约因素中,一方面是代表需求主体的农村居民因为公共文化服务供给的方式、内容等缺乏针对性而导致的矛盾,另一方面表现为供给主体的政府公共文化管理部门在一定程度上忽视了农村居民的需求偏好。二者之间缺乏有效的沟通和协作,影响了农村公共文化服务供给的有效性。

二、政策体系不完善

农村公共文化服务供给的优化升级,离不开政府公共文化管理部门和政策的宏观指导与支持，公共文化服务供给政策是公共文化服务供给的核心环节。重庆市相继出台了一系列公共文化服务政策，并不断完善，但重庆市城乡之间公共文化服务供给的差距依然存在。针对农村公共文化服务供给的政策相对较少，缺少具体的政策指导和规划，要想切实提高农村公共文化服务供给效率，就要完善政府公共文化服务的供给职能，规范政府对农村公共文化服务供给的政策。公共文化管理部门要加快转变政府职能，将治理重心下移，树立农村居民公共文化服务权益保障意识，认真贯彻执行公共文化服务职能。政策体系的不完善主要表现为以下3点：

1.区域政策失衡

近年来，重庆市政府对城乡之间的公共文化服务供给问题非常重视，出台了一系列政策规划，明确指出要加强公共文化服务领域的资源整合，从总体上实现城乡基本公共文化服务均等化，营造良好的公共文化氛围。但是农村受自然条件和现实条件的影响，其公共文化服务需求并没有得到充分满足，对上级政府部门分配资源的依赖性依然较强，制约了农村居民享受公共文化服务的权利。再者，不同地区的供给标准不统一，也阻碍了公共文化服务体系的高质量发展。

2.政策效果欠佳

为提高农村地区公共文化服务水平和效率，重庆市大力推动农村公共文化建设。但是调研数据显示，农村居民对公共文化服务供给政策不满意、不太满意和感觉一般共占比43.6%（见表5-2）。同时，为了明确公共文化服务供给政策之间的偏差，调研通过社会调查和问卷访谈的方式来考察受访者对读书看报、健身运动以及观看戏曲节目的需求，并挖掘农家书屋、文化圈和大学生“三下乡”等活动对目标群体的影响情况。结果表明,具体文化服务政策与农村居民的真实需求存在一定程度的脱节,例如受访者中不知道基层文化服务中心的占12.2%,不知道文化站的占13.4%,不知道文化大院的占17.8%。政策不能因地制宜,导致需求和供给错位,进而造成了公共文化供给政策效果欠佳,公共文化服务设施利用率和使用情况在各地区差别很大。通过调研数据我们发现,受访者对于公共文化设施的满意率仅占29.9%,说明公共文化设施陈旧等现象较为普遍。因此,政府公共文化管理部门应该明确政策出台的实施范围、效果,并及时更新政策,以让政策更加贴合农村居民的文化生活所需。

表5-2 农村居民对公共文化设施供给的整体满意度

满意等级	频率	百分比	有效百分比	累积百分比
不满意	36	5.5	5.5	5.5
不太满意	68	10.4	10.4	15.9
一般	182	27.7	27.7	43.6
比较满意	174	26.5	26.5	70.1
满意	196	29.9	29.9	100.0
合计	656	100.0	100.0	

资料来源:根据问卷数据整理

3.政策周期失序

公共文化服务政策是一个由多个阶段构成的周期系统,陈振明把一个政策周期分为政策制定、政策执行、政策评估、政策监控与政策终结几个阶段。[①]通过对重庆市农村公共文化服务供给的政策过程进行

①陈振明.政策科学:公共政策分析导论:第2版[M].北京:中国人民大学出版社,2004:207.

分析，发现公共文化服务供给政策周期失序主要表现在以下几个方面：首先，从政策制定来看，未对农村公共文化服务的主要目标和任务做出合理的战略规划。其次，从政策供给过程来看，在提供公共文化服务过程中未对政策实施之后的实际政策绩效进行评价。最后，从政策宣传来看，供给侧结构性改革的相关政策宣讲还不到位，供给主体的责任体系建设仍有待加强。

在政策体系不完善的制约因素中，一方面，制定的公共文化服务供给政策"落地"效果不够好，主要表现在政策效果不统一、政策不够因地制宜。另一方面，供给政策本身也有待优化，供给政策制定以及实施过程需加强协调。要避免政策制定者和需求者在政策发出、接受的过程中出现的偏差，除了加强有效的沟通外，还要因地制宜，不断对政策进行完善和调整。

三、人才技术传统化

作为供给主体的政府应放开非公有资本和民间组织进入农村文化市场的领域，降低进入的门槛，将申报、审批等行政过程公开化、透明化，注重"场内公平"制度的建立，给农村居民更多选择的权利和自由，并通过实施严格和科学的监管，确保农村居民的基本文化需求得以实现。[①]但是，重庆市农村公共文化服务供给主体仍比较单一，缺少

①孙浩.农村公共文化物品有效供给研究[D].武汉：武汉大学，2011：126.

专职公共文化服务人才和技术。随着重庆市经济社会的发展和农村居民的公共文化服务需求越来越大，农村地区的公共文化服务人才已经不能充分满足广大群众的需求，限制了乡村振兴的脚步，阻碍了城乡居民公共文化服务的均等化进程，制约了重庆市农村公共文化服务供给的质量。具体表现为以下3点：

1.供给主体单一

在公共文化服务领域，传统依赖于分配机制的供给模式已经不能适应农村居民对公共文化服务的强烈需要，因此对其他社会主体和组织参与的呼声越来越高，农村公共文化服务供给应该从依靠政府转变为“政府+多元社会力量”共同推进的模式。政府应鼓励企业、公益组织、非营利机构、行业协会以及社会组织和个人，提供农村公共文化服务。首先，农村公共文化服务供给主体的单一性会造成服务不够深入、资源难以有效集聚，以及容易忽视农村居民的真实需要。其次，存在基层管理部门为了争创“文化示范村”等各种政绩性的评比需要，而在提供公共文化服务时忽视农村的实际情况和差异性，也不注意反馈使用情况和利用率，容易造成文化服务供给过剩，致使农村居民满意度不高。最后，服务型文化体制的转型进程有待加快。服务型文化体制不同于传统的管理和监管体制，其体制的运行不再是单纯的自上而下的单向权力结构，而是变成了一个多主体参与、上下互动的过程。[①]建设符合人民需求的新型文化服务体制，离不开社会力量的参与。而当前重庆市农村地区的公共文化服务供给大多处于单一化状态，企业或其他社会力量参与农村公共文化服务建设的力度和规模明显不足，阻碍了多元力量参与农村公共文化服务供给的热情。

①孙浩.农村公共文化物品有效供给研究[D].武汉：武汉大学，2011：134.

2."造血"意识缺乏

农村公共文化建设不能仅依靠政府的力量,必须不断运用自身的内生机制,营造"造血"功能,以满足农村居民多样化公共文化服务需求。外来的植入文化由于没有很好地与农村优秀传统公共文化相对接、相融合,因而难以在农村社会这块沃土中生根、发芽、开花、结果,是一种"无根"的文化形式。[①]一方面,重庆市农村地区人才流失严重,青壮年大多选择进城务工。根据问卷数据,36~50岁占比仅为33.5%,可见农村明显缺乏骨干力量,而留下来的农村公共文化服务的需求者与消费者,以老年人和小孩居多,对公共文化服务需求不大。农村人力资源的数量和质量堪忧,这间接导致了整个农村地区缺乏对公共文化服务的参与意识。另一方面,农村居民受其自身能力、教育水平等因素的制约,对政府公共文化管理部门和社会组织提供的公共文化服务,不能充分参与其中,从而无法全面了解农村公共文化服务供给的相关福利政策。问卷调查结果显示,对于目前的公共文化服务供给是否满足自身的公共文化需求,农村居民的认识还比较模糊,需求表达意识也较为薄弱。此外,部分政府公共文化管理部门对农村居民的公共文化服务需求回应较慢,影响了农村居民对公共文化服务提出自身需求的积极性。

3.服务技术传统

调研发现,重庆市大部分农村地区公共文化服务设施的推广和使用,基本是靠村干部告知,具体专职人员也是由一般的行政人员担任,缺少专业素质、技能培训,职位和职责不对等,服务水平和技能素质亟待提高和创新。"互联网+"技术的运用和推广,极大地改善了政府行政

①吴理财.农村公共文化日渐式微[J].人民论坛,2006(14):33-34.

效率和服务质量，加快构建了更为有效的公共文化服务供给体系，更为便利、快捷地服务农村居民的公共文化需求。这些新技术，让公共文化服务变得触手可及。[1]尤其是“一站式”“O2O”（线上线下）等服务的推行，极大地扩大了农村公共文化服务的覆盖范围。但是，农村地区新型技术的宣传推广和使用并不理想，一方面，农村地区更多的还是依靠传统的公告栏、上门办事等方法来提供服务，对于电子政务、公共文化服务平台缺少建设经验。另一方面，缺少相关的专业人才，导致新技术的推广使用受到了一定程度的限制，大多数农村居民因文化水平较低而无法正确使用新技术，造成传统的技术愈加固化，现代信息化技术得不到有效利用。

四、供需结构不平衡

农村公共文化服务的供给和需求的错位，形成了失衡的农村公共文化服务供给格局。从宏观上看，作为供给主体的政府部门、社会组织等对农村居民的公共文化服务需求回应度不够，对农村居民公共文化服务需求重视程度仍有待加强。从微观上看，作为享受公共文化服务的农村居民，也缺乏相应的治理能力和治理意识，形成“靠”政府分配资源，而不是“造”文化服务氛围的局面。农村公共文化服务结构的不平衡主要表现在供给初期，对农村公共文化服务的需求了解不充

①卢金福，林先昌．公共文化服务“数字化”让民众触手可及[N]．福建日报，2018-05-01(12)．

分、调研考察不充足，问卷调查显示有42.5%的农村居民认为没有相关公共文化服务人员事先询问自己的公共文化服务需求，缺少实地问卷调查和实地访谈，没有完全了解农村居民的真实意愿，从而无法实现公共文化服务供给的帕累托最优，导致农村公共文化服务内容与农村居民现实需求存在一定差距。在后期供给过程中，缺少相应评估机制，对农村公共文化服务的数量、内容以及质量进行农村居民满意度的调查与检验不够，农村居民缺少意见反馈渠道，从而不易纠正供给需求的偏差。另外，农村公共文化服务供给的针对性较弱，其供给不能充分有效地满足农村居民对公共文化服务的需求，这使得部分农村公共文化资源未能物尽其用，主要表现在以下两点：

1.供需数量失衡

调查结果显示，重庆市农村居民公共文化服务需求呈现多层次性特征，但是农村公共文化服务在供给数量上与农村居民需求之间存在部分失衡现象。一方面表现为供给不足。如表5-3显示，农村居民步行到最近的文化场所10分钟以内的百分比只占46.0%，这说明还有超过一半的地区未达到政策要求，不少农村居民无法就近享受所需的公共文化产品和设施，这在一定程度上限制了农村居民公共文化服务的需求增长。另一方面表现为供给过剩。有些政府公共文化管理部门在提供农村公共文化服务时，由于缺少事前、事中以及事后反馈机制，因而导致不知道农村居民所需要和乐意参与的公共文化服务究竟是什么。并且，在供给过程中，农村居民对文化服务的满意度难以有效测量，对需求数量的界限也难以准确把握，导致部分农村公共文化服务存在一定程度的供给过剩，农村居民参与度不高，公共文化服务设施利用率低，造成资源浪费。上述这些原因使农村公共文化服务政策制定和服务供给与农村居民的需求表达发生了偏离,最终导致农村公共文化服务供给与需求的失衡。

表5-3 农村居民步行到最近文化场所所需时间

时间	频率	百分比(%)	有效百分比(%)	累积百分比(%)
10分钟以内	302	46.0	46.0	46.0
10~15分钟	140	21.3	21.3	67.3
15~30分钟	89	13.6	13.6	80.9
30分钟以上	125	19.1	19.1	100.0
合计	656	100.0	100.0	

资料来源:根据问卷数据整理

2.供需结构错位

农村公共文化服务供给需求不平衡,不仅体现在供给需求数量上的失衡,也表现在供需结构上的错位。根据调查结果,在农村公共文化服务供给过程中,部分基层政府部门与村委会提供的公共文化服务有一些脱离了农村居民的需求,社会第三方组织参与不足,缺乏相应的法律保障,其供给有效性受到了制约。

农村公共文化服务的供给需求数量失衡造成了资源过剩或供给不足,制约了其整体水平的提高。此外,供需结构错位致使总体公共文化服务需求与供给脱节,制约了农村公共文化服务的高质量供给。

第六章 重庆市农村公共文化服务供给的国际经验借鉴

重庆市农村公共文化服务供给，应在充分了解其制约因素的基础上，研究更为完善的农村公共文化服务供给策略；在我国国情及重庆市市情的基础上，借鉴国外的相关经验，摒弃其不足之处，发挥我国制度优势，提高重庆市农村公共文化服务供给质量。

第一节　国外主要模式

国外一些国家较早意识到农村公共文化服务的重要性，并在实践中探索出了一些比较成熟的供给模式，本书选取美国、印度、日本、韩国4国的农村公共文化服务的供给模式进行分析和研究，即以美国为代表的“多级立体”模式、以印度为代表的“一站式”模式、以日本为代表的“农协核心”模式和以韩国为代表的“新村运动”模式(见表6-1)。选取这4个国家的依据是其农村公共文化服务供给比较典型,形成了较为有效的供给模式,而且取得了良好的供给效果。同时,发展程度上兼有发达国家和发展中国家,地域上又突出了亚洲国家的特点,因此能够为重庆市农村公共文化服务供给提供借鉴。虽然国家之间的农村公共文化服务供给背景和供给实践具有显著差异,但通过对国外农村公共文化服务的供给模式进行分析和研究,能够吸取其成功的经验和失败的教训,可以对构建供给侧结构性改革视域下重庆市农村公共文化服务供给提供启示与借鉴。

表6-1　有关国家农村公共文化供给模式

国家	公共文化服务供给模式
美国	“多级立体”模式
印度	“一站式”模式
日本	“农协核心”模式
韩国	“新村运动”模式

资料来源:作者整理

一、美国“多级立体”模式

美国的法律制度及其历史文化对农村公共文化服务供给产生了

深刻影响，其农村公共文化服务供给模式主要体现在供给主体广泛、供给内容丰富、资金来源渠道多样、政府提供优惠政策等方面。美国农村公共文化服务供需多方之间交织成网，形成“多级立体”式的文化服务供给模式。

1.供给主体广泛

参与美国农村公共文化服务的供给主体主要包括政府、非营利组织、企事业单位和公民等。[①]美国的农村公共文化服务供给模式强调政府、社会、市场等多元供给主体各尽所能，构建多元主体之间相互补充、相互协作、相互促进的文化服务供给模式。美国政府一般是通过制定一系列法律法规参与公共文化服务供给，其立法程序是由地方到联邦。一方面，可以保证所制定的法律能够适应当地的文化发展，有助于法律的推行和实施；另一方面，由于它的服务对象主要是农村居民，因此地方政府更易于了解农村居民的文化需求，能够根据特定的文化需求提供比较有效的文化供给。美国的非营利性组织作为公共文化服务供给中坚力量，主要包括基金会、文艺团体等，是政府参与农村公共文化服务供给的桥梁。美国政府通常制定税收优惠政策，不仅为公共文化自助者减税，还通过制定其他政策和法律法规对社会力量进行支持和引导。[②]非营利性组织也会同企业共同开展活动，企业为公共文化活动提供资金和技术上的支持，共同提高农村公共文化服务供给质量。

---

①潘华.美国公共服务供给体制：从私人主导到主体多元化[N].中国经济导报，2015-03-21(B05).

②赵春美.我国公共文化供给模式研究：基于对美、英、日三国的借鉴[D].石家庄：河北经贸大学，2016:19.

2.供给内容比较丰富

美国各级政府会根据各自不同的职能,向农村居民提供丰富多样的农村公共文化服务,农村居民也会根据各自的文化喜好开展多种类型的文化活动。在联邦政府层面,主要是通过基金会、文化场馆协会、文化委员会等形式向农村提供公共文化服务。例如,联邦艺术暨人文委员会的成员多是由联邦政府与文化发展相关部门的关键性成员组成的。[①]在州政府层面,1998年"乡村治理与充权委员会"在美国阿拉斯加州成立,该委员会拥有直接向州长和议会负责的权力,它积极鼓励地方政府提供多种多样的文化服务。[②]以移民为主体的社区也是开展公共文化活动的主体,以社区为中心开展的公共文化活动主要是由美国众多的移民担任活动的承办者,因为其具有共同的文化和风俗习惯,形成了不同的社区文化风格并开展相应的文化活动,提高了公共文化的吸引力。

3.资金来源渠道多样

美国的农村公共文化服务拥有多元化的资金供给渠道,它主要体现为政府资金支持,企业和社会组织提供经费保障,其他团体以及个人积极捐赠等。美国政府主要是通过政府拨款、市场购买等方式直接或间接推进农村公共文化服务。联邦政府每次提供的资金不得超过举办本次活动所需经费的一半,其余不足金额只能由本次文化服务活动的承办者,即得到资金支持的非营利性组织或个人自行解决;[③]另外

①任一鸣.英美文化管理体制探考[J].社会观察,2004(6):15-16.

②宋元武,徐双敏.国外农村公共文化服务供给实践与经验借鉴[J].学习与实践,2016(11):115-122.

③秦利,姜姗.发达国家农村公共文化服务供给经验对中国的启示[J].安徽农业科学,2015,43(16):336-337,340.

还有一部分是来自社会团体、协会和企业的捐赠。美国政府通过调整投入的领域和比例，积极开拓农村文化艺术产业的资金来源，鼓励和扶持社会各界对文化艺术的捐赠，促进政府资助与社会私人捐赠合二为一。[①]此外，政府会给社区提供一定的补贴，社区也会设立基金会来促进社会公共文化活动的开展。

4.政府提供优惠政策

政府常通过《免税组织指南》等税收优惠政策支持社会组织开展文化活动，一些文化和艺术团队具有免税资格。同时，提倡和鼓励社会捐赠并给予捐赠人一定的税收减免，因此扩展了农村公共文化服务的供给群体和发展基金。此外，还简化纳税减免手续和流程，只需列出实际税收扣除额，则纳税时即可享受减免优惠。美国政府通过减税政策鼓励各种社会团体、组织向文化艺术类的非营利组织提供捐助或赞助。[②]美国颁布的法律制度以及制定的税收优惠政策，激励了农村公共文化服务活动参与主体的积极性，扩大了供给的范围，丰富了供给形式和类型，提高了农村公共文化服务供给的质量。

①方英，李怀亮.美国公共文化艺术资助体系[J].福建论坛(人文社会科学版)，2015(8)：47-54.

②苗瑞丹.反思与借鉴：美国公共文化政策对我国文化发展成果共享的现实启示[J].学术论坛，2013，36(10)：188-192.

二、印度“一站式”模式

印度是一个经济发展水平相对偏低的农业大国，尤其是农村经济较落后。农村人口数量占印度总人口数量的2/3，[①]农村基础设施薄弱。印度政府根据基本性、重点性原则有选择地提供文化服务，可见，印度的农村公共服务供给是由行政组织统筹全国公共服务事业的模式。印度在农村公共文化服务供给方面采取“一站式”的文化供给模式，即政府在提供基本文化服务的同时鼓励社会上的其他主体参与其中，同时也十分注重政府主导与多主体共同参与的文化供给，注重形式多样的公共文化服务供给内容，高度重视农村基础教育的均衡发展，政府为文化服务给予资金保障和政策支持。

1.政府主导与多主体参与的文化供给

印度通过分权化决策和参与治理，有效动员社会资源，形成了政府主导、多中心参与的农村公共品供给体制。[②]印度政府在文化服务供给中处于主导地位，各级政府通过农村青年培训计划、农村综合发展计划等规划和措施，提高农村基础教育资金投入，大力培养农村文化人才。在村庄道路、基础教育、基础医疗方面的政府部门都成立了专门机构以促进其更好发展，潘查亚特、社区、农村居民等都是重要的乡村公共品决策的参与主体，他们之间的合作与协调影响和制约着公

①廖雪泓.国内外农村公共服务供给对西部欠发达地区的启示[J].中共乐山市委党校学报，2011，13(3)：59-62.

②丁开杰，刘合光.印度农村公共品供给体制研究[J].当代亚太，2006(6)：3-9.

共品供给制度的效率。[①]潘查亚特承担着具体的基础教育、改善健康、社会福利、妇女发展等重要职能。此外,印度还通过开展人民科学运动,[②]以科学普及、技术推广、扫盲教育、培养阅读能力等方式提高农村居民的知识水平和技术能力。因此,印度政府部门、社会组织和农村居民自身都可以较好地参与农村公共文化服务供给,推进农村公共文化服务供给主体多元化发展。

2.形式多样的公共文化服务供给内容

印度政府注重民族艺术、民族公益等传统文化和艺术的传承与发展,并通过农村图书馆、文化室、文化交流中心等农村文化场馆和设施的建设,开展多样化的农村文化和艺术活动,促进文化交流与创新。由印度计算机发展中心设计的流动图书馆可以覆盖印度乡村的学校,甚至是偏远山区的学校,通过一辆以卫星为基础的移动数字搬运车连接互联网,然后在车上配备打印机、记分卡等终端设备,为用户提供精装书籍。[③]同时,印度政府注重对农业科学技术和信息技术的教育和培训。政府、社会团体以及社会公民开始成立众多的职业技术学院,设立电脑教育课程,使学生了解并学会使用电脑,政府鼓励民间办学,并对于教学质量达标的民间办学机构授予其国家承认的学历证书。此外,印度的图书馆经常开展征文、体育、研讨等联合性公共文化活动和交流活动,同时挖掘社会文化资源,推动社区文化项目发展,分析社会文化需求,提高了社区公共文化服务活动的水平。通过学习、教育,

①温俊萍.印度乡村公共品供给机制研究:公共治理的视角[J].南亚研究季刊,2008(1):26-31.

②王习明.美丽乡村建设之国际经验——以二战以来美、法、日、韩和印度克拉拉邦为例[J].长白学刊,2014(5):106-113.

③张志宏.印度:公共文化服务促进社会协调发展[N].中国文化报,2014-08-07(011).

让农村居民在参与社会生活中得到提升。[1]

3.重视农村基础教育的均衡发展

印度农村的基础教育水平较低，政府十分注重农村教育的发展和农村入学率的提升，加强改善农村地区的教育教学环境和农村师资队伍结构。印度还针对农村及落后地区的小学生，在全国推行学校膳食计划，提供免费午餐。印度开展扫盲和识字运动，促进了农村教育的快速均衡发展，农村居民的文化程度得到极大提高，实现了思想和精神上的转变，改变了农村落后的环境状况。

4.政府为农村公共文化服务提供资金支持

由于印度政府对文化活动和文化设施给予高度重视，因此政府是其主要的资金来源主体，而且注重激发地方政府公共文化服务供给的积极性，并赋予其财权和事权。然而，地方政府所拥有的财力有限，难以承担全部文化服务供给的财政资金，因此发展农村公共文化的资金主要靠上级政府支持。在一些经济发展水平不高的农村地区，由于其公共文化需求较高，但是相关的文化组织、社会组织能力有限，发展不健全，因此政府仍然是财政支付的主体。印度设立了较高的教育经费预算，公共教育经费的投入占据本国GDP的3%以上，而且高等教育在整个教育经费中占有极高的比例，[2]但印度政府依然加大对公共教育的经费预算，预计把每年公共教育经费占GDP比值提高0.5%，2007年把公共教育的教育经费占GDP比值提高至6%。[3]除了以预算形式提供资金，印度政府还会以项目资助资金的形式提供资金支持，通过

①周伟光.韩国及相关国家农村文化建设借鉴[J].传承，2007(8):68-69.

②刘玉辉，陈朝，马兆文，荣玲.教育对经济的影响：中印比较研究[J].煤炭高等教育，2006，24(1):86-90.

③张家勇，张家智，张跃庭.印度教育资助政策初探[J].世界教育信息，2007(6):11-14，93.

金融和税收手段为农村公共文化服务供给提供经费保证。

5.政府为农村公共文化服务供给提供政策支持

印度政府为农村公共文化服务供给提供政策支持,主要表现在印度的宪法、法律以及各项具体制度的制定方面。因印度农村经济较为落后且各地区之间经济发展差异较大,所以印度政府在公共文化服务供给方面起到关键作用。印度政府在农村儿童义务教育方面采取普通基础教育计划以及午餐膳食计划。普通基础教育计划于2010年开始实施,8岁儿童完成初等教育,实现基础教育全国性普及,帮助解决有特殊需求的儿童入学难的问题,提高农村教师职业素养。普通基础教育计划使得印度农村适龄儿童入学率达到99%。[①]午餐膳食计划是政府免费为偏远山区的农村小学生提供免费午餐,鼓舞了这些地区的居民参与基础教育的信心,提高了农村教育的质量。在农村基础教育方面,印度政府先后出台了《国家教育政策》《义务教育法案》以及普及初等教育计划、教师培训计划等多部法律和政策[②],为印度的教育事业发展提供了法治保障。此外,印度实施了“女性素质提高计划”,注重提高女性的科学文化素养。

①乔俊峰.推进城乡基本公共服务均等的政策思路——俄罗斯、印度、巴西三国的政策实践及启示[J].学习与实践,2017(9):56-60.

②段晓芳.印度普及义务教育政策及其对中国的启示[J].当代教育实践与教学研究(电子刊),2017(4):252- 253,77.

三、日本"农协核心"模式

日本在传统上是一个农村基层自治的国家,农村在自己的事务上具有很大权力。[①]日本的农村公共文化服务供给应追溯到1979年大分县前知事平松守彦提出的"一村一品"运动[②],并开始重视"农协"的发展,因此"农协"逐步在农村公共文化服务供给中居于至关重要的地位。

日本"农协"是日本农业协同组织的简称[③],是以协同理念为基础建立的组织,是维护和实现农业生产者自身的利益而成立的合作团体,并且形成了较为完善和独特的组织体系和运行机制。日本政府先后颁布《产业组合法》《农业团体法》《农业协同组合法》等法律法规,推进了"农协"的发展壮大,使"农协"的经济实力开始稳步上升,并在全国范围内形成一定规模。同时,"农协"还具有组织农村居民、提供服务、承接政府职能等功能。它也是农村居民的代表,帮助农村居民获取合法权利,已开始演变成为政府和农村居民之间的桥梁。[④]日本"农协"提高了农村公共文化服务供给质量,对农村公共文化服务的供给主体、供给内容以及农村居民教育的培训等多方面产生了重要的影响。

---

①王富军.农村公共文化服务体系建设研究[D].福州:福建师范大学,2012:139.

②平松守彦.一村一品运动[M].上海国际问题研究所日本研究室,译.上海:上海翻译出版公司,1985:1.

③张秀娟,胡雪梅.日本农协的发展新趋势[J].经济纵横,2002(1):43-45.

④刘淑云.日本农协制度的经验与启示[J].内蒙古民族大学学报(社会科学版),2005(2):60-63.

1.“农协”文化运动受到广泛支持

日本“农协”的农村公共文化活动受到政府和农村居民的广泛支持,政府、“农协”和农村居民共同提供农村公共文化服务。“农协”自身具有较强的吸引力,农村居民可以自愿加入或退出,因此日本农村的多数居民都加入了该组织。同时,日本政府的支持促进其不断地发展壮大,如政府颁布《农业基本法》和《农业协同组合合并助成法》等法律,支持“农协”发展。自1900年以来,日本政府为配合相关法律的实施,先后发动了“农村经济更生运动”“农协综合事业计划运动”“农协刷新扩充三年计划运动”“农协体质改善运动”“综合三年计划”5次农业运动[①],推进了“农协”的发展。“农协”的出现以及发展,促进了日本农村公共文化服务活动的开展,带给农村居民多种形式的公共文化服务供给,丰富了农村居民的文化生活。

2.政府主导农村公共文化服务供给

日本政府通过开展“一村一品”运动,培育区域特色的农村经济发展模式,提高发展活力,来改善农村公共文化服务水平。“一村一品”运动其实质是一种在政府引导和扶持下,以行政区和地方特色产品为基础形成的区域经济发展模式[②],强调立足本地资源,开发和挖掘农村特色产品,打造知名品牌,使城乡差距逐步缩小[③]。因此,“一村一品”运动传承了传统文化,也丰富了农村居民的精神生活。1981年,三岛町发布《三岛町振兴计划》,倡导“生活工艺运动”,传承传统文化[④],宣

①陈柳钦.日本农协的发展历程、组织、功能及经验[J].郑州航空工业管理学院学报,2010,28(1):84-91.

②陈磊,曲文俏.解读日本的造村运动[J].当代亚太,2006(6):29-35.

③卢向虎,秦富.国外“一村一品”运动对中国发展现代农业的借鉴[J].世界农业,2007(10):16-19.

④陈磊,曲文俏.解读日本的造村运动[J].当代亚太,2006(6):29-35.

传文化传承与创新的理念,培养了农村居民的生活情趣。

3.多样化的农村公共文化服务内容

“农协”通过开展多种文化教育和娱乐活动,提高农村居民的文化修养,使农村居民的精神文化生活变得更加丰富。从“农协”的文化活动内容来看,一是紧紧围绕着农家生活,比如各种料理讲习活动,二是紧紧围绕着农村传统文化,比如进行和服、插花技术、民谣的讲习等,主要是从农村和农村居民的实际出发,以农村居民喜闻乐见的方式宣传易于理解的文化内容。[①]同时,它还十分注重农业文化的传播。宣传活动主要分为对内宣传活动和对外宣传活动,对内宣传活动主要是针对农业政策和文化活动等方面的宣传,对外宣传活动是向农村居民宣传农业生产的重要性,向社会宣传和普及各种农产品知识,扩大国内农产品消费市场。[②]日本“农协”还积极搭建文化学习和沟通的平台,帮助消费者了解“农协”文化和农业文化,使消费者获得精神食粮。[③]

4.注重教育培训,提高农村居民个人素质

加强农村居民教育、提高农村居民素质、开展文化活动,是日本农村公共文化服务供给中的重要组成部分。日本的“农协”在其中起着重要的作用,主要体现在对农村文化挖掘、农村文化活动开展、劳动生活体验、农业情感教育等方面,提高了农村居民的科学文化素质。“农协”注重通过内部建立紧密的合作关系来提高组织效率,提高成员的服务精神、团队精神和互助能力,注重对成员的培养和开发,使其提高执行力和责任意识。

①昊天.现代日本农协(十三)[J].现代农业,2004(1):38-39.

②昊天.现代日本农协(十三)[J].现代农业,2004(1):38-39.

③颜炳霞,鞠立瑜,杨忠琪.日本农协发展的外部经济性及其启示的研究[J].青岛农业大学学报(社会科学版),2017,29(2):22-25,60.

5.多元化农村公共文化筹资渠道

日本政府积极倡导"文化艺术创造城市"理念,鼓励和支持全国各地举办各类传统公共文化活动和现代的文化节庆活动。[①]日本非常注重文化艺术的发展,政府对农村公共文化服务供给采取管理与干预政策。文化管理部门担负编制预算、制定公共文化规划、完善文化设施、提供资金支持与文化人才培养等职能。日本还拥有众多的公共文化基础设施,比如国家级剧院、国立美术馆、公共图书馆等,日本文化厅主办或发起国家艺术节、日本媒体艺术节、"文化力量"等公共文化活动。[②]日本政府通过增加文化预算、制定多种优惠政策,提高了文化服务供给水平。同时,积极引导企业、社会团体与个人参与公共文化服务供给,赞助公共文化服务活动开展,企业通过捐款或直接参与的方式来提供公共文化服务,各类文化基金会也为农村文化艺术演出活动提供资助。因此,政府、市场和社会力量都是公共文化服务的供给主体。政府对农村公共文化服务的供给则采取积极干预的政策,通过建立严密的文化行政机构,把"农协"纳入其管理之下[③],为农村居民提供多样化的文化服务。"农协"在公共文化服务供给的过程中发挥了重要作用,创造了良好的文化氛围,提供了比较坚实的资金和项目支持,有效地保障了农村居民享受公共文化服务。

①欧阳安.日本构建公共文化服务体系的成功经验[J].党政视野,2016(Z1):37.

②金雪涛,于晗,杨敏.日本公共文化服务供给方式探析[J].理论月刊,2013(11):173-177.

③宋元武,徐双敏.国外农村公共文化服务供给实践与经验借鉴[J].学习与实践,2016(11):115-122.

四、韩国“新村运动”模式

为实现战后的经济复苏，韩国政府大力实施工业发展为主、农业发展为辅的经济路线，着力推进工业化和城市化，经济建设逐步恢复。1962年至1971年间实施经济发展的第一、第二个五年计划，以扶持工业为主，在“一五”期间，韩国工业经济平均增长率是7.8%，在“二五”期间是10.5%，农业经济平均增长率在“一五”期间和“二五”期间分别达到5.3%和2.5%，工业经济与农业经济发展严重失衡，贫富差距逐渐加大，二元经济结构日益加剧，大量农村年轻人涌入城市，农村劳动力老龄化、弱质化①，同时，农村传统观念受到新的生活方式冲击，农村发展受到严重影响。

为了解决城乡差距迅速加大造成的农村发展问题，20世纪70年代，韩国提出“新村运动”构想，农村展开了一系列增强农村经济建设、提高农村居民文化素质的大规模运动。这是由韩国政府自上而下发起的一场农村发展运动，把政府、地方各级机关的部分工作人员派往农村，直接指导农村进行自主、自助的乡村建设运动，传播勤劳、协作的价值观②，提高农村居民素质，改善农村文化生活，提高了农村公共文化服务质量和水平。

1.政府带动农村居民参与文化供给

韩国注重农村居民思想文化素质的培养和提高，调动农村居民参与公共文化服务的积极性和主动性。通过开展公共文化服务活动、文

①李水山.韩国新村运动对农村经济发展的影响[J].当代韩国，2001年夏季号:25-29.

②金英姬.韩国的新村运动[J].当代亚太，2006(6):13-22.

学艺术活动、技能培训等，帮助农村居民更新思想观念，提高农村居民参与公共文化服务的自主意识，对提高农村公共文化服务供给质量起到了较好的促进作用。同时，为了更大程度激励农村居民参与公共文化服务，政府还提供村民会馆、新村会馆等农村公共文化活动场所和设施。村民会馆是村民培训、讨论各种问题或举行活动的地方，重构了农村的公共活动空间，遇到难题一起讨论解决，寻求共同进步，极大地调动了农村居民参与农村公共文化服务供给的积极性和参与意识。[①]通过这样的方式，政府加深了对农村居民公共文化需求的了解，激发了农村居民参与农村公共文化服务建设的内生动力，从而助其发挥“主人翁”作用，直接推进了农村公共文化服务的进程。

2.区域差别化的文化供给

韩国在推行“新村运动”的过程中，因不同农村地区的资源、条件和环境差异较大，对于公共文化发展的资金、设施、人才、项目和内容的需求也不尽相同，政府会综合考量这些因素，通过差别化的支持方式，实现农村地区的均衡和互补发展。因此，韩国政府在规划和提供农村公共文化服务供给时，会根据不同区域农村对公共文化服务的不同需求，采用差异化的供给策略，以此完善农村公共文化服务供给内容，提高供给的针对性和有效性。

3.政府注重对农村居民的教育培训

韩国政府对农村公共文化服务供给中的农村居民教育问题给予了高度重视，这也是韩国“新村运动”的核心内容。政府为提高农村居民的整体素质，成立中央研修院，加强农业专业技术人员的培训和农

①官爱兰，许方方.韩国经验借鉴与我国农村公共文化有效供给的路径[J].江苏农业科学，2010(2):402-404.

业法律法规的学习。1949年颁布的《教育法》中明确规定了与农业教育相关的多项条例。为更好地推进韩国农业教育的发展，政府提供教育实习基地、教育基础设施以及教育经费。[①]政府通过多种形式的教育培训，提升农村居民的素质和文化素养。同时，韩国政府也建立了较为完善的公共文化人才教育体系，建立公共文化研究机构，加强对公共文化服务人才的培训，大力宣传农村传统文化，并着力培养青少年对农村公共文化服务的兴趣。

4.多样性的文化资金供给渠道

韩国政府通过农村公共文化服务重点领域的资金投入，设立相应的专项基金，提高农村公共文化服务供给水平。政府在政策和财政预算上支持文化产业开发，文化管理部门可支配预算大约占据韩国总预算的5%。[②]而且，政府通过设立文艺振兴基金、广播发展基金等诸多类型的专项基金，扶持农村公共文化服务发展，为农村公共文化服务提供资金支持。[③]政府还和群众共同出资为农村公共文化服务供给提供资金保障，鼓励企业和社会力量参与，推动农村公共文化服务设施的完善，打造良好的农村公共文化服务环境。

①孙启林.韩国的农村教育和“新村运动”[C]//农村教育与农村发展高端论坛论文集，2008：18-23.

②姜洪民.韩国文化产业的特色[J].企业改革与管理，2010(1)：65-66.

③刘亚磊.中国农村公共文化服务供给问题研究——以H省S县三个乡为例[D].重庆：西南政法大学，2015：33.

第二节 国外经验总结与启示

通过对国外农村公共文化服务供给模式的梳理和总结，为供给侧结构性改革视域下重庆市农村公共文化服务供给提供以下一些有益的启示。

一、推动供给主体多元化

从参与农村公共文化服务的供给主体之一视角来看，美国、印度、日本以及韩国的供给主体呈现多元化的趋势。国外农村公共文化服务的供给主体大多为政府、企业、市场、社会组织、农村居民等，政府在农村公共文化服务供给的过程中居于主导地位。上述各国都比较注重引导农村居民对农村公共文化服务的需求表达，搭建文化需求表达平台，政府通过各种方式引导社会组织参与农村公共文化服务供给，并提供更多参与供给的机会，切实满足农村居民的文化需求。同时，政府在制定农村公共文化服务供给的决策时，比较充分地反映了农村居民的公共文化服务需求，增强了农村居民文化意识。

重庆市农村公共文化服务供给取得了显著成绩，但在供给主体方面还存在一些问题，主要是市场和社会、公民参与不足，难以切实满足农村居民的公共文化需求。因此，应该在继续发挥政府主导作用的基础上,鼓励市场和社会力量积极参与农村公共文化服务供给。[①]同时,制定社会力量进入公共服务领域统一的准入标准、管理标准与监管标准,避免模糊的准入政策与前后不一的监管模式对社会力量参与公共服务造成冲击。[②]因此,需要完善制度体系建设,优化决策程序,促进市场、社会组织和村民团体参与文化服务供给,明晰其权责及地位,提高农村公共文化服务的供需对接能力,形成以政府为主导,企业、社会组织、群众等协同参与的多元力量供给模式,持续提高农村公共文化服务的供给质量。

二、强化政府供给职能

在美国、印度、日本以及韩国的农村公共文化服务供给中,政府对其产生了重要的推动作用,体现在为农村公共文化服务确定发展方向、提供战略规划和政策部署、协调社会力量参与等方面。美国政府通过激励政策鼓励引导社会力量参与农村公共文化服务供给,印度政府通过制定法律法规和制度体系支持农村公共文化服务发展,日本政府则通过培养村民组织提高农村公共文化服务供给质量,韩国政府通过农村居民教育体系的建立和完善来提高农村公共文化服务供给中

①宋元武,徐双敏.国外农村公共文化服务供给实践与经验借鉴[J].学习与实践,2016(11):115-122.

②陈莉莉,彭程,茅海军,程越.标准化视角下公共服务领域供给侧改革路径研究[J].中国质量与标准导报,2017(4):56-58.

农村居民的参与度。

重庆市农村公共文化服务在供给过程中显现出供给总量不足、供需失衡等问题，各级政府部门应该进一步优化政府公共文化服务职能，创新供给方式，提高农村公共文化服务效能。

三、注重农村居民教育培训

美国、印度、日本以及韩国都非常注重农村公共文化基础设施的建设，也更加关注农村居民的教育问题。美国政府注重发挥文化场馆的教育功能，印度建立多样化的乡村文化室、乡村文化中心来丰富农村居民的精神文化生活，日本的“农协”教育活动、韩国的“新村运动”，通过农村居民协作组织、村民会馆等促进农村居民自助互助，提高农村居民的文化素质。注重农村公共文化基础设施建设，提高农村居民文化素质和教育水平，发挥农村居民组织和社会力量的作用，是国外农村公共文化服务供给模式的主要体现，也是其成功的关键因素。

重庆市具有“大城市、大农村”的特点，农村人口相对较多，所以农村公共文化服务供给具有不小的难度。同时，因农村居民自身文化水平有限，也难以真正参与好、享受好所提供的公共文化服务。因此，应借鉴国外一些典型的农村公共文化供给模式，加强对农村教育体系的重视，形成多渠道的农村居民教育方式，从整体上来提高农村公共文化服务供给水平。

四、拓宽资金筹集渠道

美国、印度、日本和韩国在农村公共文化服务资金供给过程中，都体现出多元化的资金供给渠道，通过设立专项基金、进行财政补贴、出台税收优惠政策以及共同出资等方式，积极地引导和鼓励社会多元力量参与农村公共文化供给，促进社会资本向农村公共文化服务聚集。

重庆市的城乡经济发展差距较大，贫困县较多，为推进极度贫困农村的发展，政府非常关注公共文化服务活动。公共文化基础设施建设和公共文化活动开展的主要资金来源于公共财政资金。因此，应着力改变单一的资金供给格局，改革资金投入制度，突出优惠政策的激励作用，给予资金投入的主体以更多优惠条件和奖励措施，拓宽农村公共文化服务的资金来源和供给渠道，调动多元力量参与到农村公共文化服务供给之中。

五、因地制宜提供公共文化

各国在农村公共文化供给过程中，都体现出差异化的特点，因具体情况不同而采取不同供给模式。美国表现为民间主导的供给模式，印度主要是政府主导的供给模式，日本和韩国则主要发挥农业组织的治理作用。

重庆市城乡差异较大且地方经济社会发展不平衡，农村居民对公共文化服务的需求也不尽相同。因此，在重庆市农村公共文化供给过程中，要结合农村发展的实际情况，识别农村居民对公共文化服务供给的个性化需求，因地制宜地开展技能类、培训类、教育类、娱乐类等多样化的公共文化活动，以提高农村公共文化服务供给的针对性。总的来说，通过对国外农村公共文化服务的供给模式进行分析，重庆市可以吸取其中的有效经验来完善供给制度，优化供给方式，注重对农村居民的教育培训，提高农村居民职业教育水平。同时，摒弃国外的不足与不适应我国国情之处，因地制宜地选择供给模式，推动农村公共文化服务的社会参与及农村居民自助组织发展，强化农村文化和旅游的结合，拓宽资金筹集渠道，推动重庆市农村公共文化服务高质量发展。

第七章
重庆市农村公共文化服务供给的战略模式

在供给侧结构性改革的背景下，农村公共文化服务供给是一个具有复杂性、系统性、长远性的综合体系，需要在科学的战略规划下分步实施。本章在供与需两个维度的基础之上，探讨如何构建重庆市农村公共文化服务供给的战略模式。

第一节　战略模式构建原则

重庆市农村公共文化服务供给战略模式的构建，需要遵循构建的相关原则并受其指导。战略模式构建的原则提供战略所需的价值导向。本书基于农村公共文化服务的特性，提出战略模式构建的六大原则，即城乡统筹与共建共享原则、市场竞争与社会参与原则、公共性与发展性原则、优胜劣汰与适度供给原则、多样性与多元性原则以及平等性与激励性原则。

一、城乡统筹与共建共享原则

1.城乡统筹原则

从总体上来说,无论是硬件如公共文化服务设施配备、覆盖率和使用率,公共文化服务活动的内容、频率和形式,以及参与的主体力量和资金支持,还是软件如农村的公共文化氛围、农村居民的参与意识,以及管理和服务的规范程度,重庆市城乡公共文化服务供给差距都较大。因此,在培育阶段,重庆市公共文化服务的发展应遵循城乡统筹原则,将城乡作为一个有机整体进行顶层设计,协同发展,有机整合城乡资源,实现资源共享,共同促进重庆市公共文化服务的发展。

2.共建共享原则

共建是共享的前提,共享是公共文化带给大众的福利。做好公共文化的共建共享,才能发挥公共文化服务人民的最大效能,让人民群众有充分的文化获得感。[①]农村公共文化服务的供给工作应当充分发挥农村居民的才智,让他们参与到公共文化建设中,只有实现了公共文化的共建,才能为共享奠定坚实基础。当前,重庆市农村公共文化服务的共建共享程度仍有所不足,公共文化服务供给比较有限,设施

①蔡嘉豪.共建共享让公共文化效能最大化[EB/OL].http://cq.wenming.cn/ybwmw/2013ycpl/201604/t20160426_3318542.htm,2016-04-26.

利用程度有待提高，实现农村居民的公共文化共享任重道远。在农村公共文化服务供给的扩展阶段，应遵循共建共享的原则，除政府部门之外，农村居民、社会组织、企事业单位、高等院校、社会团体等都应被积极发动起来，发挥协同整合作用，参与到重庆市农村公共文化服务的共建共享中去，使为公共文化服务的资金、设施、产品、活动等真正发挥效益，盘活公共文化服务的潜在资源，实现预期目标，提高农村居民公共文化服务的获得感。

二、市场竞争与社会参与原则

1.市场竞争原则

企业参与公共文化服务不仅能够提高文化服务供给的效率，而且还能提高群众的感知度和信任感。在农村公共文化服务供给中，政府应积极引导和鼓励企业深入农村市场，利用优胜劣汰、互惠共赢的方式让其参与农村公共文化服务供给，从而推动农村公共文化服务的发展。

2.社会参与原则

随着群众生活水平的日益提高，人们参与公共文化服务的积极性明显增强。政府和企业在提供农村公共文化服务供给的过程中都有各自的不足，存在一些难以涉及以及不易解决的问题，此时社会组织刚好是其合适的补充。例如在对农村弱势群体的精神需求、专业服务、提供咨询等方面，社会组织是最合适的参与主体。社会组织发挥自身优势参与农村公共文化服务，符合政府文化职能转变的要求，具有非常广阔的空间，并将发挥越来越重要的作用。在农村公共文化服务供给的改革阶段，应当遵循社会参与原则，充分发挥社会组织的作用，补充和丰富农村公共文化服务的供给形式和内容。

三、优胜劣汰与适度供给原则

1.优胜劣汰原则

针对重庆市农村公共文化服务过程中不受农村居民喜爱、服务效果差的服务供给和服务主体，在综合考评之后采取优胜劣汰的原则。优秀经验应该总结并推广，不适合供给的服务应当删减，以此在供给内容上进行升级革新，在增加供给数量的同时要更加注重供给质量。另外，在农村公共文化服务供给的人员上也应当采取优胜劣汰的原则，公共文化服务人员应该有良好的职业发展规划，政府应对其进行相应的培训。对于不适合从事文化工作的人员应该采用转岗或调离等方式，另选条件适合的人员来进行相关工作，优化农村公共文化服务队伍结构。

2.适度供给原则

随着人民群众生活水平的日益提高，他们对公共文化服务的供给提出了更多个性化的需求。地方公共文化管理部门虽然越来越注重农村居民文化生活,但实际上提供的公共文化服务仍比较有限且针对性不强。当农村公共文化服务供给大于需求时,说明不是供给的绝对量太多,而是供给的效率低、效果不好,提供给了农村居民不需要的或者是不喜欢的服务。因此,地方公共文化部门应根据农村发展实际、经济社会发展水平和基本公共文化服务需求,注重发挥服务规划、政策的引导作用,整合社会力量,协同改善农村居民公共文化服务的质量。

四、公共性与发展性原则

1.公共性原则

公共文化服务具有突出的公共性。政府提供丰富的公共文化服务,能满足群众对公共文化的迫切需要,保障群众基本公共文化权益,同时这也是政府应尽的责任。在重庆市农村公共文化服务供给的过程中,政府须坚持公共性原则,分步骤、有秩序地进行城乡公共文化服务供给工作,特别是针对公共文化服务薄弱的农村,应当予以适当的政策倾斜,注重城乡间、区域间公共文化的协同、均衡发展。

2.发展性原则

目前,重庆农村的公共文化服务在全国来看,与先进地区还有较大差距。农村公共文化服务投入、基本公共文化服务设施、基础公共文化服务方式、公共文化服务队伍、文化管理体制等方面都还有待加强。因此,应确立农村公共文化建设的长远发展目标,确定发展规划,不断努力完善农村公共文化服务体系。

五、多样性与多元性原则

1.多样性原则

多样性是实现农村居民公共文化多元利益诉求的主要条件,也是公共文化服务供给的要求之一。单一、重复、枯燥的公共文化服务供给模式已经不能满足农村居民日益增长的精神文化需求。因此,在农村公共文化服务供给的扩展阶段中,应当利用多媒体、互联网、智能化等技术手段,提供丰富多彩、多样化、创新性的,农村居民喜闻乐见的公共文化服务,以此提高农村居民的公共文化兴趣和文化素养,养成良好的生活方式,形成科学的文化观。

2.多元性原则

为了更好更全面地进行农村公共文化服务供给,需要充分发挥社会组织的桥梁纽带作用和专业能力,弥补政府和市场的不足。同时,借助各类社会力量的作用,通过政府、市场与社会组织三者间的协同,实现多元投入、多元供给,从而达到供给的最优化程度。

六、平等性与激励性原则

1.平等性原则

在农村公共文化服务供给各阶段中,政府处于主导地位,引领公共文化服务的发展方向，汇聚公共文化服务资源和力量。同时，在政府职能转变和完善社会治理体系的背景下，应遵循平等原则，重视发挥各供给主体的力量和优势。政府公共文化管理部门应对企业和社会组织进行引导、扶持和激励，调动其积极性和主动性。同时，加强部门间的协调和沟通，提高协作能力，共同攻克农村公共文化服务中的难点和痛点，从而使公共文化服务更加贴近农村群众的实际需求。

2.激励性原则

要更好地优化农村公共文化服务供给，提供最优水平的公共文化服务，仅依靠传统的引导和管理方式效果不佳。公共文化管理部门应强化激励，通过政府委托、服务购买、社会招标、财政补贴、税收减免、建立荣誉榜等多种激励方式，提高各类供给主体的参与性和责任感。

第二节　战略模式类型

重庆市农村公共文化服务的供给工作涉及范围十分广泛，需要从长远利益出发，并结合目前的实际情况进行整体思考，然后再在此基础之上按计划、有秩序地推进。本书针对当下重庆市农村公共文化服务供给的问题及制约因素，提炼农村公共文化服务供给中的供与需两个维度，构成二维矩阵，形成农村公共文化服务供给的4种战略模式，即培育型（Cultivation）、扩展型（Extension）、改革型（Reformation）与优化型（Optimization）模式，也即C-E-R-O战略模式（见图7-1）。

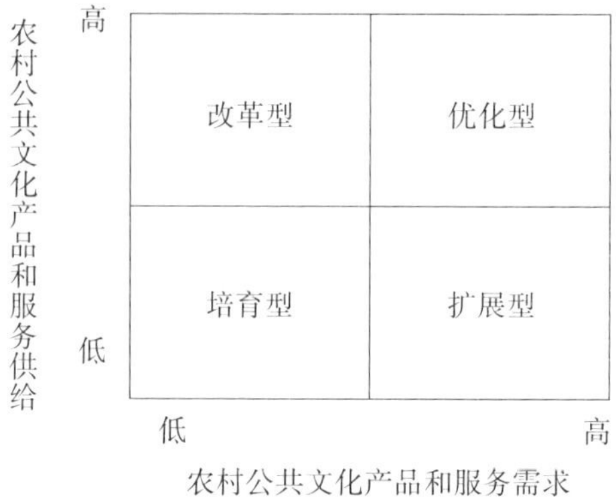

图7-1 重庆市农村公共文化服务供给的C-E-R-O战略模式

资料来源:作者整理

一、培育型模式

当某地农村公共文化服务的需求程度(x)和供给程度(y)都较低时,说明该地区的农村公共文化服务严重落后。具体表现在:农村居民对公共文化服务的政策、内容以及对自身应享有的公共文化服务权利等了解甚少甚至基本不知情,而且也缺乏享受公共文化服务的内在需求和愿望。政府公共文化管理部门对该地区公共文化服务的供给数量缺乏,或者基本没有提供公共文化服务。培育型模式即在x和y都较低的情况下采取的一种战略,旨在激发农村居民对公共文化服务的潜在需求,增加农村公共文化服务供给数量,提高农村公共文化服务的效果。

1.培育型模式的目标

一是加深农村居民对公共文化服务供给重要性的认识。公共文化服务是满足人民群众精神文化需求的重要渠道,肩负着宣传社会主义核心价值观的任务,而农村公共文化建设是公共文化服务体系建设的重要组成部分,是贯彻落实文化政策的重要举措。但目前,农村居民对公共文化服务的认识和了解不足。通过调研我们发现,大部分农村居民对自己是否享有公共文化服务的权利并不清楚,或不太在意。此外,基层干部中特别是乡镇一级干部对农村公共文化服务的重视程度也相当不足,相应公共文化服务人员数量明显偏少且素质较低,而且一般都身兼数职。在具体的农村公共文化服务过程中,部分工作人员缺乏主动性,导致服务质量偏低。在这样的一个培育阶段,首先应当培育农村居民以及基层公共文化工作人员对农村公共文化服务建设重要性的认识。

二是提高农村公共文化服务基础设施的供给数量。公共文化服务基础设施作为丰富农村公共文化的重要保障,是农村开展文娱活动所需要的基本物质平台,其修建、利用以及保护工作十分重要,其中修建是主要前提。在需求程度和供给程度都很低的培育阶段,农村公共文化服务基础设施处于很低水平,严重影响了公共文化服务的发展。在培育阶段,应当做好硬件完善工作,认真贯彻落实相关政策,并努力拓展新的基础建设资源,加强农村公共文化服务基础设施建设。农村文化礼堂、文化大院、农家书屋、文化广场、乡镇文化中心、广播、电视等应逐步覆盖,以达到“村村能通、户户能享”的目标。

三是激发农村居民对公共文化服务的内在需求。该阶段农村公共文化供给仍然主要采取“自上而下”的决策程序,公共文化服务的类型和数量取决于上级政府部门和管理者的判断和认知。这种缺乏农村居民需求表达机制的决策方式,使得农村公共文化服务的真实需求未能客观呈现,进一步导致了重庆市农村公共文化服务供给与需求的不对称,造成部分农村文化服务的无效供给或供给过剩,公共文化资源没能得到合理配置。此外,由于农活繁重、文化素质较低等诸多原因,很多农村居民缺乏享受公共文化服务的意识,但实际上他们都有各自潜在的文化需求。因此,在此阶段应当进一步激发农村居民潜在的公共文化服务需求。

2.培育体系的构建

当农村公共文化服务的供给和需求都偏低时,应当以培育供需为主,在“点”上要加快基础设施建设,“线”上建立起需求表达机制,“面”上切实贯彻现有政策并加大政策宣传(见图7-2)。

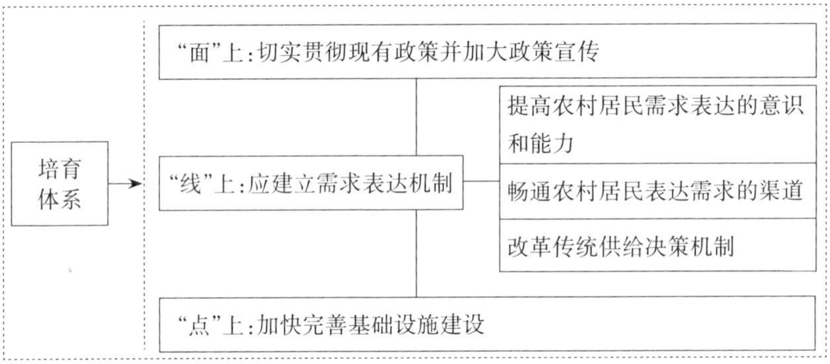

图7-2　重庆市农村公共文化服务供给的培育体系

资料来源:作者据相关文献资料整理

(1)“点”上:加快完善基础设施建设

农村公共文化服务活动的开展,主要是以公共文化基础设施为载体进行的,基础设施的完备、优劣与否对农村公共文化服务的质量影响很大。因此,政府公共文化管理部门须高度重视公共文化基础设施的配备与运转问题。虽然目前重庆市农村公共文化服务在基础设施建设方面取得了很大成绩,但是在总体上仍然存在数量偏低的问题。

针对基础设施总量偏低的问题,应做好以下几个方面:第一,加大对公共文化基础设施建设的资金支持,基本实现“量”的保障。政府公共文化管理部门应通过摸底排查,对各区县农村的公共文化基础设施进行建档立案,掌握其数量、质量以及损坏程度等情况。设施严重不足的区域应优先予以建设,再提高整体数量。第二,修缮老化或损坏的基础设施。目前很多农村的公共文化设施已经损坏,处于闲置状态,造成了资金以及地理空间的浪费。对此,可制订清晰的维护责任制度,由专门的单位进行定时定点的检修。第三,形成系统化的供给模式,实现“质”的保证。公共文化基础设施建设的重要依据是紧紧围绕人民群众的文化生活需求,对此可以建立“乡镇—村—农户”为一体的综合公共文化服务网络。其中,以乡镇文化中心为核心,以各村文化聚集点为分支,以农村居民为主力军,打造符合各乡镇、村特色的文化服务体系。与此相对应,基础设施要因地制宜、互相协调,且做到广场舞、露大剧场、电影、戏剧、广播电视的设施综合覆盖。

(2)“线”上:建立需求表达机制

一方面,提高农村居民对公共文化服务需求的表达能力。影响农村公共文化服务供给的决定因素之一就是农村居民的需求意识和表达能力。鉴于此,政府公共文化管理部门可从如下方面进行改善:第一,通过墙刊、电视、广播、网络等形式,使农村居民对农村公共文化服务进一步学习和了解,并意识到它的益处。第二,以走访、会议的形式加大宣传力度,树立农村居民的文化意识和主人翁意识,进而提高他们对公共文化服务的参与意识。第三,村委会等农村基层组织要开展定期或不定期的关于公共文化的培训,让农村居民了解自己的权益,掌握表达需求的途径和方式。

另一方面,畅通农村居民对公共文化服务需求表达的渠道。有些农村居民对农村公共文化服务有意愿进言献策,但却经常表达无门,缺乏可以直接沟通反馈的渠道,这是造成农村公共文化服务供需不匹配的重要原因。让农村居民参与公共文化的决策、减少无效资源的浪费、提升政府形象的有效方式之一,就是畅通农村居民的需求表达渠道。具体而言,可采取以下方式:首先,各级人大代表、政协委员是需求表达者的重要组成部分,所以欲增加农村居民对农村公共文化服务的需求的表达渠道,人大代表、政协委员建言献策是一种有效的途径,因此可以适当增加地方人大代表和政协委员中农村居民代表的比例。其次,信访的渠道可以适当拓宽,同时降低门槛,提高回复效率,而且还应提高对农村公共文化服务供给事项的重视程度。再次,村一级单位应加强自治建设,做好与农村居民的沟通工作,做好农村居民与上一级政府进行交流的协调工作,当好信息沟通的桥梁。乡镇一级政府应多组织公共文化活动,提高农村居民的参与性,在活动中发现问题,解决问题,让农村居民敢于开口、愿意开口、善于开口。最后,还可利用文化宣传、送戏下乡、工作调研、高校学生社会实践等机会,与农村居民面对面访谈,切实掌握其内在需求,给他们表达心声的机会。

(3)“面”上:切实贯彻现有政策

一方面,政府公共文化管理部门应加大督查力度,完善基层干部特别是文化干部的考核制度,促进现有农村公共文化服务政策的落实。针对部分地区、部分村镇没有完全落实公共文化服务政策,或未履行、履行不到位以及敷衍塞责等情况进行检查和惩戒,并督促其尽快改善。

另一方面,多渠道进行公共文化服务宣传。农村公共文化服务宣传的渠道很多,归纳起来可分为媒介宣传和活动宣传两大类,可以采用这两种方式同时进行或组合运用。新时代党和国家的惠民政策和具体的农村公共文化政策,可以通过百姓论坛、专题报告、辅导讲座、文化普及等形式予以展现,同时还可以结合农村的实际情况,利用文化墙、宣传栏等方式进行展示。此外,还可以发挥公共文化活动生动、形象、活泼的特点,将公共文化政策体现在歌舞、小品、戏剧、朗诵等活动演出中。最后,结合政府公共文化管理部门官方的宣传活动,形成农村公共文化服务宣传方式的合力,提高农村居民对公共文化政策的认识和了解程度。

二、扩展型模式

当农村公共文化服务的需求程度(x)偏高,供给程度(y)偏低时,说明该地区的农村公共文化服务供给滞后于当地的需求,出现供需不均衡的情况。具体表现在:数量上,农村公共文化服务供给的数量不足,某些供给服务欠缺;质量上,提供的公共文化服务不能满足农村居民的文化需求,或者提供的不是农村居民喜欢或需要的文化服务。扩展型模式即在x偏高且y偏低的情况下采取的一种战略模型,旨在挖掘农村居民对公共文化服务的潜在需求，提高政府对农村公共文化服务的供给数量，满足农村居民对公共文化服务的内在需求。

1.扩展型模式的目标

一是提高农村公共文化服务的供给数量。在公共文化服务场地方面，综合性文化服务中心在每个乡镇、村应实现全覆盖，且具备培训、文娱、阅读等综合功能，同时还可结合当地实际情况增设广播等其他附加功能。另外，每个村的文娱广场、阅览室、活动室、宣传栏等设施都要配备完成，且能辐射到村庄大部分面积和人口。同时，每个村的广播影视、体育设施、广场音响、群众文化器材都要落实到位。

二是加强农村公共文化服务的供给保障。做好农村公共文化服务供给，发展资金和服务队伍是其中最重要的两个因素。服务队伍的素质和结构如何、发展资金是否充足，直接和公共文化服务供给的效果好坏挂钩。在农村公共文化服务供给的扩展型模式中，应充分重视和实现资金与人员的双重保障，确保公共文化服务供给的顺利实施。

2.扩展型模式的构建

在公共文化服务供给不足、公共文化需求较高的公共文化扩展阶段，应当积极引入市场主体，让企业参与到农村公共文化服务供给中去。同时，为解决需求明显高于供给的问题，还应完善有农村居民参与的评价、监督和反馈机制，加强资金保障和人员保障。具体如图7-3所示。

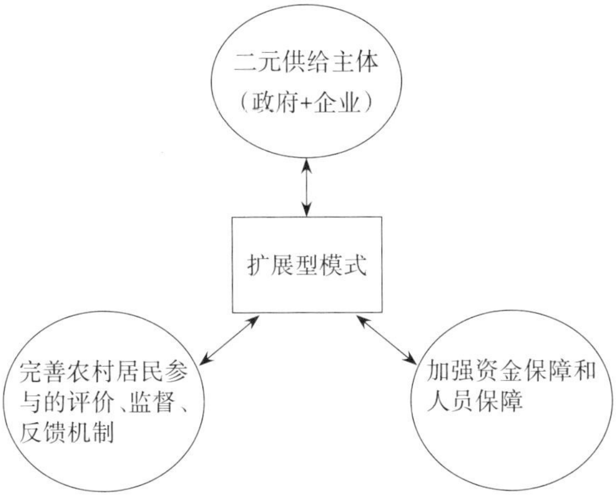

图7-3　重庆市农村公共文化服务供给扩展型模式的构建

资料来源:作者据相关文献资料整理

①实行政府与企业协同供给的形式

在农村公共文化服务供给的扩展型模式中,供给不足的主要原因是供给主体的单一和低效。由于真正有效落实到农村公共文化服务供给的资金和人员配备十分有限,而且很多农村基础设施的建设和维修工程难度较大,又进一步加剧了农村公共文化服务供给不足。因此,在该模式中,应该积极吸引和激励企业参与农村公共文化服务供给。

企业因其具有市场性、竞争性和灵活性的特点,在公共文化的基础设施建设、公共文化产品等方面,相较于政府而言往往具有较多优势。所以,将企业吸引到农村公共文化服务建设中去,将对公共文化服务体系起到很好的补充作用。因此,政府公共文化管理部门须放宽公共文化服务领域对于企业的准入机制,给予其政策优惠和参与空间。例如,鼓励企业在公共文化产品和服务方面的研发、生产,政府可予以税收、贷款等方面的优惠和补助。同时，企业可以通过两种方式进行农村公共文化服务的供给：一是在企业生产了公共文化产品之后，政府以回购的方式获取该公共文化产品，再将其投入农村公共文化建设中；二是政府可以和企业合作，共同生产和提供公共文化产品，利益共享，责任共担。两种方式各有优劣，须结合不同区域的实际发展情况进行选择。

②完善农村居民参与的评价、监督和反馈机制

农村公共文化服务的供给离不开农村居民参与的评价、监督和反馈制度。传统的评估模式缺乏社会公众的参与，评估主导者也多为单一的政府主体，其效度较低、客观性不足等缺陷日益显露。实现有农村居民参与的评价、监督和反馈机制，切实从农村居民利益角度进行测评，是保障农村公共文化服务供给有效性的重要措施。具体实施路径如下：

首先，制订可量化的评价指标，如资金投入、预期目标、农村居民参与数量以及满意度等。评价指标要请政府部门管理者、专家学者等专业人士进行论证，以防整个评估体系失效。建立评价指标体系，既便于信息公开，又能使评价有具体依据。只有让农村居民亲自参与评价过程，了解公共文化服务供给项目的进展情况，才能使其更具针对性，做到有的放矢、突出重点。其次，制订严格科学的评价制度。在具体的评价过程中，应明确评价的规则、标准、时间和具体流程，并对评价人员进行相应培训，提出评价要求，农村居民及其他评价人员应遵循客观、公正、公平、公开的原则，分步骤有秩序地开展评价。最后，应实施监督和反馈制度。评价完成后，应及时进行整理和反馈评价结果，增加评价的透明度。通过设立意见箱、工作会议、网络平台、信息

发布会等方式，使农村居民能了解、监督和反馈公共文化服务供给的真实情况，以达到及时发现问题并解决问题的效果。

③强资金保障和人员保障

财政投入是开展农村地区公共文化服务的基础，也是保障农村居民公共文化权益的基本条件。近年来，虽然用于农村公共文化建设的财政投入在不断增加，但与农村居民公共文化服务的基本需求仍有差距。因此，应更加注重公共文化在农村经济发展和乡村振兴中的重要性，从发展农村公共文化着手，缩小城乡公共文化差异，关注农村弱势群体的公共文化权益，是缩小城乡差距的有效途径。所以，应增加农村公共文化活动开展和公共文化设施建设的财政投入，保障重庆市农村群众的公共文化权益。另外，要深化公共文化服务的行政管理体制改革，建立合理的财政分担机制，探索建立公共文化部门与广电、新闻出版等文化部门之间的筹资分担机制。[①]仅靠政府财政投入来提供整个农村地区公共文化服务的供给，不仅政府财政压力太大，而且不能使公共文化服务效益达到最优化。政府应该鼓励社会力量、非政府组织、企业等积极参与农村公共文化服务，提高对农村的公共文化投入。

此外，加强人员保障是落实农村公共文化服务供给的重要前提。国外一些发达国家为保障公共文化服务体系的高效运行，成立了具有相关经验的专门化服务队伍，这些专业咨询服务者为政府以及相关管理者提供咨询服务，提高其决策的有效性。数量大且质量高的志愿服务者，为公共文化服务提供了多方面的人才。重庆具有深厚的历史文化底蕴，拥有大量优秀的公共文化人才，政府可以吸引和引导他们加

①吴理财，洪明星，刘建．基本文化权益保障：内涵、经验与建议[J]．桂海论丛，2015，31(2)：15-20.

入农村公共文化服务的供给中，为农村公共文化服务供给奉献力量。在实践层面，一是要给乡镇公共文化服务机构配备专门的文化服务人员，为农村公共文化服务供给体系提供人才保障；二是要积极组建农村公共文化服务的专门团队，吸引公共文化服务专业人士的加入，共同推动整体公共文化服务的发展，从而提高重庆市农村公共文化服务供给的水平；三是发展“市—区县—乡镇—村”四级文化指导队伍，成立公共文化服务运营管理中心，组建文艺团体和基层公共文化服务的志愿者组织，建立健全相应的人才网络和人才资源库，完善农村公共文化服务的信息和技术平台，保障农村居民的公共文化权益。

三、改革型模式

当农村公共文化服务的需求程度(x)偏低，供给程度(y)偏高时，说明该地区的农村公共文化服务供给大于当地的实际需求，出现供需不均衡的情况，具体表现在农村公共文化服务供给的数量偏多，但仍不能满足农村居民的文化需求。改革型模式即在x偏低且y偏高的情况下采取的一种策略，旨在适度降低公共文化服务的供给数量，提高公共文化服务供给的质量，切实满足农村居民对公共文化的多元化需求。

1.改革型模式的目标

一是提高供给质量。在农村公共文化服务供给的培育和扩展阶段，多注重供给数量，必然会在一定程度上以降低质量为代价，而改革阶段是要在此基础上提高质量。传统单一的公共文化服务供给模式已经不能满足农村居民日益增长的文化需要和精神追求。例如,不少村的文化室、乡镇文化站甚至区县图书馆、文化馆等公共文化机构,管理形式单一,图书资源陈旧,服务内容简单乏味,以及电影下乡的电影、戏曲、文娱活动等内容老旧、一成不变,这些问题势必会影响公共文化服务供给的质量。而且,大部分村文化活动室以及阅览室流于形式,设备使用手续烦琐,书籍内容未进行及时更新,开放时间不足,这些问题导致农村居民对公共文化服务的满意度低,严重影响了农村公共文化服务供给的实际效果。因此,在该模式下,应以提高农村公共文化服务供给的质量为目标,切实按农村居民所需提供他们真正喜闻乐见的服务,并在每个区县、每个环节都要进行质量考核,发现问题要及时纠正。

二是合理配置供给资源。在对重庆市农村老年人的访谈过程中获悉,部分农村广播的设置形同虚设,没有得到充分的利用,有的村广播设施闲置,有的村却利用广播循环播放小广告,扰乱了群众生活。在体育、辅助设施方面,乡镇、村虽配置了老年群众体育活动器材设备,但乡镇之间和各村之间的配备标准差距大,尤其是村与村之间的差距明显。此外,农村老年人体育、辅助设施利用率低,如有些轮椅、老年康复仪器等仅陈列在村委会而很少被利用,多数器材和设施束之高阁,流于形式。在农村公共文化服务供给改革阶段,应通过实地调研、优化顶层设计等方式,进行公共文化资源的合理配置,充分发挥公共文化服务供给的最大价值。

三是完善政绩考评制度。由于传统政绩考核的压力,部分政府公共文化管理部门及其工作人员在一定程度上存在重经济轻文化的管理思想，这使得农村公共文化服务供给执行不到位。在改革型模式下，需要改善政绩考评制度，将公共文化服务成效纳入考核中来，同时应实现全方位的多主体考核制度。

2.改革型模式的构建

改革型模式是在农村公共文化服务的供给大于需求的情况下的一种战略模式（见图7-4），所以主要从供给端入手进行改革。主要应当精简项目，实施以需求为导向的公共文化服务供给，进行公共文化服务供给的“三化”（细致化、深入化、持续化）建设，实施文化和经济并重的多元绩效评估制度。

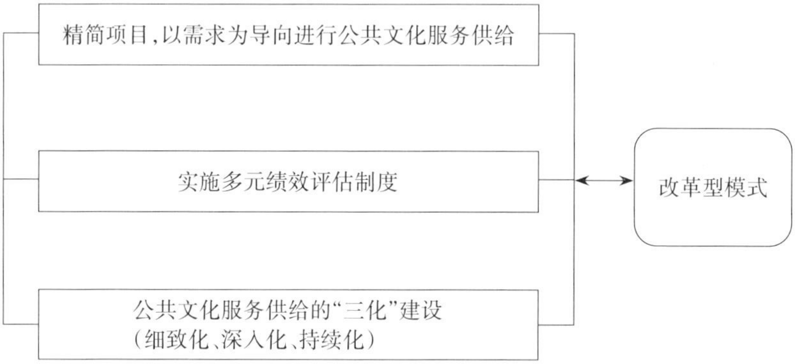

图7-4　重庆市农村公共文化服务供给改革型模式

资料来源：作者据相关文献资料整理

①进行项目精简，以需求为导向实施公共文化服务供给

在农村公共文化服务供给的总量高于农村居民需求时，应当进行服务项目的精简，以农村居民的实际需求为导向，进行公共文化服务的有效供给。公共文化服务不仅是种战略，而且是对公众意愿、需求的恰当回应。政府公共文化管理部门要与农村群众有一种亲密的合作关系，这种合作不只是理解对方，而且是一个不断地要求与满足的

过程。农村公共文化服务机构应及时关注农村群众的需求，并采取具有针对性和实效性的文化形式。政府公共文化管理部门要注重调查研究，摸清农村居民的需求，以需求确定服务供给，避免形式主义和主观性。在提供农村公共文化服务过程中，要加入相关的服务质量要求和标准，不能只关心数量忽视质量，同时在服务过程中要加强监督和考核，防止以次充好。

②实施多元绩效评估制度

我国正在按照“产业兴旺、生态宜居、乡风文明、治理有效、生活富裕”的总要求，深入推进实施乡村振兴战略，这为农村的政治、经济、社会、文化和生态发展指明了方向，提出了要求。因此，要实现乡村振兴，经济发展和文化繁荣都是至关重要的内容。

重庆市农村经济和社会发展取得了显著的进步，群众生活水平得到明显提高，但是如果公共文化领域的建设和发展滞后，就会制约乡村振兴。因此，要真正推进乡村振兴战略，就必须改变只重视经济建设而忽视文化发展的观念，要高度重视农村公共文化事业的发展。公共文化对于经济发展具有“提质加速”作用，加强农村公共文化服务的保障和投入，提高农村居民文化素质、思想素质和专业技能，能够有效促进农村经济的发展。同时，公共文化服务具有“以文化人”的功能，具有感染力和向心力，能够增进农村居民集体意识、参与意识，促进和谐关系的建立，从而为乡村治理体系的完善奠定良好的基础，使乡村治理更加有效。

一是实行多元主体共同参与的综合绩效考评机制。按照特定的程序、标准、指标体系，由第三方评估单位、社会组织、农村群众、农村基层组织和公共文化执行单位等，对公共文化管理部门的农村公共文化服务业绩进行综合评价，以强化公共文化服务的效果，纠正偏差，调整服务内容和方向。构建农村公共文化服务绩效评估机制，是改革农村公共服务供给体制，优化公共服务资源配置，提高公共文化服务质量的有效途径。[①]公共文化服务绩效的评估不仅要对结果进行评估，也要对过程和方法进行评估，这样才能保证对农村群众的公共文化服务的效率。

二是注重提高农村公共文化服务绩效评估的效果。积极推进重庆市农村公共文化服务绩效评估工作，需要委托第三方组织对其进行绩效评估，避免内部评估的主观性，进而对农村公共文化服务进行全面、客观的评估，搜集有效的评估信息。第三方评估组织应开展全面的资料和信息搜集，建立专业的调研访谈系统，在对重庆市农村群众享有公共文化服务的现状进行充分了解和分析的基础上，对农村公共文化服务绩效进行评估。

三是建立科学合理的评估指标体系。科学设置保障农村公共文化服务的评价标准，建立完善的绩效评估指标体系。可以重庆市农村公共文化服务人员配备数量、文体活动开展次数、文化娱乐和健身设施修建情况、报纸电视、电影演出、培训讲座、政策宣传等具体的公共文化项目为维度，作为评估政府公共文化服务绩效的指标和依据。绩效评估的指标要量化，这样才能够对每一项指标进行打分，以便监督检查和评估考核，让农村群众参与和了解政府公共文化服务绩效评估的过程和结果。

③推进公共文化服务供给的“三化”建设：细致化、深入化、持续化

①李宁.农村公共文化服务绩效评估机制构建研究[J].宁夏大学学报(人文社会科学版)，2009，31(6)：181-184.

一是实现农村公共文化服务供给的细致化。一方面,要实现公共文化服务覆盖上的细致化。重庆市有个别农村地区基本没有提供公共文化服务,甚至连最基本的场地都缺乏。这部分农村都存在一个共同的特点:它们大都是相邻的区县之间、乡镇之间的农村接壤地区。由于其所在的位置比较特殊,导致政府对这部分地区管理不足。针对该问题,相关政府公共文化管理部门及工作人员要认真核查落实,并查缺补漏进行完善,使公共文化服务全面覆盖。另一方面,对公共文化服务的质量也要追求细致化。电影下乡、文艺下乡等公共文化服务供给要注重加强与农村居民的交流,不能仅仅只图完成任务,应该了解他们的喜好,听取他们的建议,使公共文化服务进一步细化,并赢得他们的欢迎和喜爱。

二是实现农村公共文化服务供给的深入化。服务设施和手段单一、内容不够新颖、形式多样的文化产品较少等,是在农村公共文化服务供给的各个阶段都易出现的问题。例如,一部电影在同一个地方会放映多次,导致观看者产生了视觉疲劳。类似的问题较为普遍,对丰富农村居民的文化生活作用不大,实质意义不足,公共文化服务供给缺乏深度。因此,在农村公共文化服务的改革阶段,应注重其深入化供给。在电影下乡和农村广播中,应更新电影和广播内容,选取当下农村居民关心的政策、喜爱程度高的电影和广播进行播报和放映。在公共文化服务活动中,应提高养老、育儿、保健、烹饪等科普内容的比重,并注重实效性,以农村居民喜闻乐见且简单易学的方式给农村居民带去具有实际作用的服务。同时,应注重提高农村居民的参与度,吸纳有文艺表演经验的农村群众参与,发展和深化农村居民自有的文娱传统形式。在健身场地、文娱器材等的配置过程中,应考虑农村老年人、儿童比重较大的实际情况，有针对性地进行供给。

三是实现农村公共文化服务供给的持续化。农村公共文化服务是一项长远的事业，应处理好当前与长远的利益，兼顾现在与未来发展。要做好重庆市农村公共文化事业，必须以求真务实的态度进行落实，并创造性地开展工作。在公共文化服务的基础设施建设方面，应从长远的角度选址、设计、实施等，进行充分的思考和论证，做好相应的规划。在注重公共文化服务设施建设的同时，应该注重其使用情况和后期维护，在公共文化服务的改革阶段，应健全基础设施服务的管理维护制度。一方面，要建立起责任追究和问责制度，以提高现有公共文化服务设施的使用效益，达到公共文化服务设施持续使用的目的。对公共文化服务设施的维护和保养应由专门的部门、专业人员进行管理服务，将公共文化服务设施、设备器材的维护及保养指定专门的部门及人员进行管理。此外，建立奖惩制度，农村居民可对公共文化服务设施的保护进行监督，如有破坏或盗取公共文化服务设施的行为，及时向有关部门反映，同时也可以对相应的管理部门及工作人员进行监督和举报。公共文化管理部门应该对反映情况的人员给予相应的奖励，对有损公共文化发展的行为进行处罚。

四、优化型模式

当某地农村公共文化服务的需求程度(x)和供给程度(y)都很高

时，说明该地区的农村公共文化服务整体效果非常好。具体表现在：一方面，农村居民对公共文化服务的政策、内容、方式以及对自身应享有的公共文化服务权益等认识非常清晰，并且对享受公共文化服务具有强烈的愿望，需求较大；另一方面，政府对该地区公共文化服务的供给数量充足，供给质量较好。农村公共文化的优化型模式即在x和y都很高的情况下采取的一种战略模式，通过深入挖掘农村居民对公共文化服务的潜在需求，实现多元供给，优化公共文化服务，最终实现精准供给、社会参与和优质服务的目的。

1.优化型模式的目标

首先，实现多元供给。在农村公共文化服务的培育阶段、扩展阶段和改革阶段，公共文化服务的供给以政府为主体，其他辅助力量参与呈现出由少到多、由浅到深的趋势。在优化阶段，社会组织应深度参与到农村公共文化服务中，使农村公共文化服务的供给主体进一步向政府、企业、社会组织等多种供给力量转变。社会组织，作为补充和改善政府和市场不足的重要主体，应当在农村公共文化服务供给过程中充分发挥其公益性和灵活性，起到良好的协调作用。因此，在农村公共文化服务供给的优化阶段，社会组织应协同政府和企业，主动开展农村公共文化服务活动。

其次，满足多元需求。随着生活水平的不断提高，农村居民对公共文化服务的需求也逐步变得多元化，而实际的农村公共文化服务往往形式比较单一，多停留在表层。比如，播放电影、广播，配置几个简易的运动设施，或者组织跳广场舞，类似的一些服务供给很难激发农村居民的兴趣和参与热情。随着经济能力和生活水平的不断提高，农村居民的实际文化需求不再满足于简单、传统的娱乐项目，更渴求了解健康、养老、艺术、国家政策等方面，只是由于受到自身文化素养和生活环境的限制，他们不知如何表达或者无处表达。在农村公共文化服务供给的优化阶段，应以满足农村居民的多元化公共文化需求为目标，结合呈现的新特点、新趋势，进行深入发掘、精准对接，满足其多元需求，切实丰富农村居民的公共文化生活。

最后，打造精品服务。在重庆市农村公共文化服务供给的优化阶段，应更加注重质量的提高，以打造精品服务项目和品牌为目标，逐步形成具有地方特色、符合地方实际的公共文化服务供给方式。在培育型、扩展型和改革型模式中，更主要是追求供与需之间数量上的均衡，以及质量的普遍提高，而优化型模式则更加注重质量的内在优化以及打造特色项目。例如，重庆市可以国家授予的“中国民间文化艺术之乡”为切入点，整合各类文化惠民项目和资源，保护与发展传统文化，注重专业技术人员的培训与开发，加强对优秀乡土文化的挖掘和培育，打造一批具有地方特色的公共文化服务品牌。

2.优化型模式的构建

政府和市场在农村公共文化服务的前三种模式中发挥了非常重要的作用。相比之下，作为农村文化服务供给重要力量的社会组织虽然也发挥了一些积极作用，但是其在公共文化服务供给体系中的地位并不明确。在重庆市农村公共文化服务供给的优化阶段，社会组织应和政府、市场构成三大主体力量，协同进行农村公共文化服务供给的优化。

①实行“政府+市场+社会”的多元力量供给形式

在改革型模式中，重庆市农村公共文化服务供给的主体由政府为主体转变为“政府+市场（企业）”的双主体模式，而在优化型模式中，可以引入社会力量作为供给主体的补充,实现政府、市场与社会组织的协同。因此,应建立能够适应农村公共文化服务建设的新格局和新体制,立足于实现重庆市文化大发展大繁荣的高度,实行政事分开、管办分开,切实将政府、市场、社会进行职能划分,但同时又能使三者相互协调,互相配合。作为对政府、市场起到平衡和补充作用的社会组织,应当充分发挥其自身优势,在重庆市农村公共文化服务供给的进程中积极承担起服务、组织和协调的责任。除了社会组织的自主建设外,政府也应当主动引导,强化其公共责任意识、法律道德意识、竞争合作意识,使社会组织在参与农村公共文化服务供给过程中,具有更高使命感与责任感。

②建立供给与需求主体之间的互动机制

农村公共文化服务的供给主体和作为受众的农村群众,在供需过程中因为信息不对称或理解错位的问题,影响了公共文化服务供给效果。因此,需要建立供给主体与农村居民之间的互动沟通机制。因此,可建立一套"菜单化"的服务模式,即政府送文化下乡之前,先将所有的文化服务目录提供给农村居民,由农村居民决定来接受什么服务,其好处在于针对性强,节约成本。[①]通过这样及时、互通的共享网络,可以大大增强公共文化服务的针对性和时效性,同时也实现了各供给主体与农村居民之间的高效互动。

③突出重点,以老年人和儿童为主要服务对象

农村公共文化服务供给应注重结合农村实际居住的人员结构,进行有侧重、有针对性的供给。由于大多数中青年外出务工,目前重庆

①李杨.基于服务创新四维度模型的农村公共文化服务供给模式研究:以湖北省鄂州市H区为例[D].武汉:华中师范大学,2013:62.

市农村主要以老年人和儿童为主。农村老年人和儿童公共文化服务的提供,可以保障广大老年人和儿童群体的基本文化权益,满足其日益增长的公共文化需求,使农村老年人在提高物质生活的同时享受文化的魅力,丰富晚年精神生活,同时使儿童能有更多的业余学习平台,激发儿童对文化知识的兴趣和渴望。注重老年人和儿童需求,合理配备专项公共文化设施和项目,是保障老年人和儿童群体公共文化权益的重要举措。

因此,公共文化管理部门和其他参与力量,需要深入农村结合公共文化实际进行调研,真实客观地把握老年人和儿童的公共文化需要。一方面,合理配备人员,成立专门的调研小组,即调研小组在人员选拔上要具有针对性。第一,要选配对农村公共文化问题具有较为丰富的实践经验和深入的了解、能够把握关键的人员,能对农村老年人和儿童公共文化服务的开展现状进行客观呈现;第二,要具有与老年人和儿童沟通的技能,即要具有亲和力和耐心,要善于倾听,能对那些对自身公共文化权益不理解或认识不够的老年人和儿童进行答疑解惑,帮助其树立公共文化的权益意识,充分听取他们对农村公共文化服务的意见和建议。另一方面,深入农村地区,开展专项访谈,了解实际需求情况。开展专项访谈,第一,要划分好访谈区域和对象,能够尽量覆盖各类型农村和各层次人群;第二,要制订访谈提纲,访谈提纲既要符合农村老年人和儿童群体的特性,同时也要体现出区域间的差异性;第三,要根据已制订好的访谈提纲进行预调查,通过预调查的结果对已制订的调查提纲进行修正,使其更能体现调研访谈的目的。开展正式访谈时要收集和分析好访谈对象的真实诉求,经过分析整理后形成调研报告,并用于指导公共文化服务供给实践。

④打造精品服务,彰显地方特色

在农村公共文化服务供给的优化阶段,公共文化管理部门要以打造精品服务为目标。重庆市有着丰富的历史文化资源和悠久的文化底蕴,具有良好的公共文化发展基础。所以,重庆市可以在公共文化服务领域实现城乡联动发展,通过"以城带乡、以乡促城"的方式,实现城乡公共文化资源的协调互补,使资源利用得到最大化,从而打造出公共文化服务的特色和品牌。

第三节　战略模式维度比较分析

重庆市农村公共文化服务供给战略模式的影响因素,主要体现在3个维度,即农村公共文化服务的供给状况、需求情况、发展程度。这3个维度的不同状态构成了4种不同的战略模式,并且这3个维度的变化也影响着战略的发展和变化。

一、维度划分

1.供给状况

供给状况主要从两个方面来衡量,即供给主体和供给内容。从供给主体的发展来看,随着国家对公共文化发展的日益重视和文化市场的日益繁荣，供给主体由传统的以政府公共文化管理部门为主发展到由政府、企业、文化单位、社会组织等共同参与的良好格局。在重庆市农村公共文化服务供给中，政府、市场、社会、农村居民这四大主体的结构及地位很大程度上决定了其战略模式的选择。

农村公共文化服务供给的内容主要包括数量和质量两方面。近年来，重庆市农村公共文化服务取得了显著进步，但仍存在供给数量、质量、形式和内容上参差不齐、数量较多但质量不高、文化活动针对性不强、缺乏文化规划等问题，这在一定程度上影响了农村群众对公共文化的需求，从而也影响着重庆市农村公共文化服务供给的战略选择。

2.需求情况

随着重庆市脱贫攻坚战略的深入实施和人民群众生活水平的日益提高，广大农村地区的居民对公共文化服务具有相当迫切的需求。尤其是公共文化与技能提高相结合、公共文化与乡村自治相结合、公共文化与乡村振兴相结合、公共文化与“留住乡愁”相结合等问题，以及创新公共文化服务供给体系，提供高质量内容和项目，以需定供、供需结合等，应该引起充分的关注。同时，加强对农村老年人、少年儿童等特殊群体的重视和关怀，加强相应的公共文化服务供给，增强对特殊群体的公共文化权益保障。并且，由于不同区县的发展程度、公共文化基础设施、农村居民收入水平、农村居民个体文化素质的差异性等因素，不同区县、乡镇和行政村，不同农村居民对公共文化的需求不同，因此应根据不同地区农村的实际状况和条件，差异化地提供服务。

另外，需求表达机制的完善程度，也直接影响重庆市农村公共文化服务供给的战略模式。农村居民对公共文化服务需求的表达意识和能力，对公共文化服务的战略选择有着至关重要的作用。农村居民由于自身文化水平有限、维权意识不足以及需求表达能力和意识相对较弱，造成其的真实需求不能完全被客观和有效呈现。同时，由于部分政府公共文化管理部门缺乏对农村公共文化服务的调研和摸底，导致未能对此做出正确判断和科学决策。

3.发展程度

战略模式中的发展程度主要指两个方面：一是农村公共文化服务的"供需"匹配程度；二是当地经济、社会、文化等综合发展水平。战略模式的选择不能只考虑公共文化服务中的供给或需求单方面的内容，还要对供需匹配程度进行科学测评和调控。供需之间的匹配和适用程度的高低，直接影响着战略模式是否需要改进或升级，因此进行战略模式调整的主要目的就是寻求供给与需求之间的平衡。另外，当地的综合发展水平也对公共文化服务供给具有明显的影响。一般而言，整体发展水平较为落后的农村地区，对公共文化服务的需求就相对偏低，反之则相对较高。

二、维度比较

在重庆市农村公共文化服务供给的战略模式中，供给战略由培育型战略逐步发展到扩展型战略、改革型战略，再到优化型战略，4种战略模式的主要区别可从以下5个维度进行总结（见表7-1）。

表7-1 4种战略模式演进中的维度比较

维度	区别
供给主体	一元到多元
供给总量	紧缺到充足
供给类型	单一到丰富
供给与需求的匹配程度	失调到均衡
供给成效评价	忽略到重视

资料来源:据相关文献资料整理

第一,在供给主体上,从一元到多元。培育型战略是战略模式中的初级战略,在这种模式中,重庆市农村公共文化服务供给的主体主要是政府。在扩展型战略和改革型战略模式中,供给主体引入了市场元素,把企业引入农村公共文化服务供给的主体当中。在优化战略模式中,供给主体还引入社会组织,形成政府、企业、社会组织三大主要供给主体。

第二,在供给总量上,由紧缺到充足。当重庆市农村公共文化服务供给小于农村居民的公共文化服务需求时,采取的是培育型战略和扩展型战略模式,两种战略模式的主要目的之一就是解决供给总量偏低的问题,而改革战略和优化战略模式,都是在供给充足的情况下进行的。因此,4种战略模式的过渡和升级,实现的是供给总量得到显著提高。

第三,在供给类型上,从单一到丰富。从初级的培育型战略模式到高级的优化型战略模式,要求在农村公共文化服务供给的内容上由简单化、表面化到丰富化、优质化,农村公共文化服务供给创新体系基本形成,呈现出技术化、信息化、网络化、智能化等特点,更多农村居民喜闻乐见的公共文化服务形式出现,人们的精神文化生活日益丰富多彩。

第四,从供给与需求的匹配程度上,从失调到均衡。在培育型战略模式下,农村公共文化服务供给和需求都是较低的;在扩展型战略模式下,需求大于供给;在改革型模式下,供给大于需求;在优化型战略模式下,供给和需求都较大。但在4种战略模式的发展中,供给和需求在相互调适中趋于均衡,形成了动态平衡、相互促进的良好局面。

第五,在供给成效评价上,从忽略到重视。在培育型战略和扩展型战略模式阶段,公共文化服务供给的评价机制不够完善,在改革型战略阶段和优化型战略阶段,对公共文化服务供给的评价非常重视,而且注重评价体系的完善和落实。

在实际发展过程中,有些具体的战略措施可能在另一种不同的战略模式中交叉采用,但重庆市农村公共文化服务供给的整体战略发展主要遵循上述趋势,逐渐实现供需平衡,实现了供给优化的总体目标。

第四节 战略模式适用范围与条件

一、适用范围

在重庆市农村公共文化服务供给的战略模式中,4种不同战略模式所适用的范围有所不同。判断其适用范围的主要依据是供需之间的关系，供需关系匹配的情况如图7-5所示。4种不同战略模式的具体运用，须根据不同阶段、不同区域的实际供需关系来确定。比如在某一时间段内，当某地农村公共文化服务的供给和需求都很低时，则采用培育型战略模式，努力提高该地的公共文化服务需求和供给水平，维持最基本的供需关系；当农村公共文化服务的供给小于需求时，则需要采取扩展型战略模式，以提高当地的公共文化供给水平；当农村公共文化服务的供给小于需求时，应当采取改革型战略模式，激发农村居民对公共文化的潜在需求，并实现公共文化服务供给的有效化；当农村公共文化服务的供给和需求都高时，则应采取优化型战略模式，进一步提高供给与需求的深度融合，激发文化市场活力，深层次地提高农村居民的公共文化生活。整体而言，供需关系决定战略模式的选择，但实际情况中具体的策略运用需要根据实际情况因地制宜做出适度调整，在某一时间范围内，可能同时采用两种或多种战略模式。

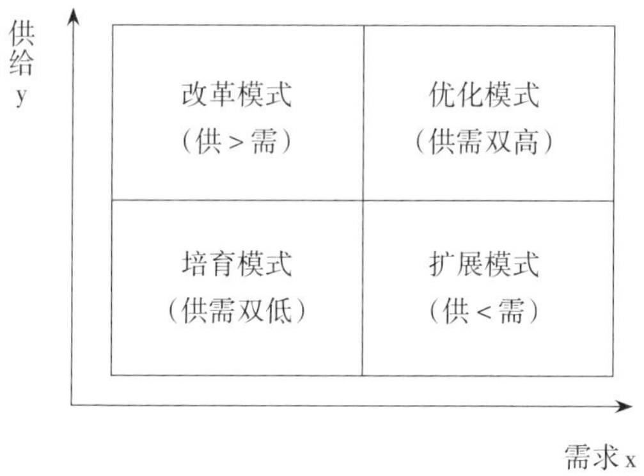

图7-5　4种不同战略模式的供需关系

资料来源：作者整理

二、适用条件

对于重庆市农村公共文化服务供给的战略模式,即培育型战略、扩展型战略、改革型战略、优化型战略模式的选择,可按照图7-6中的步骤进行。

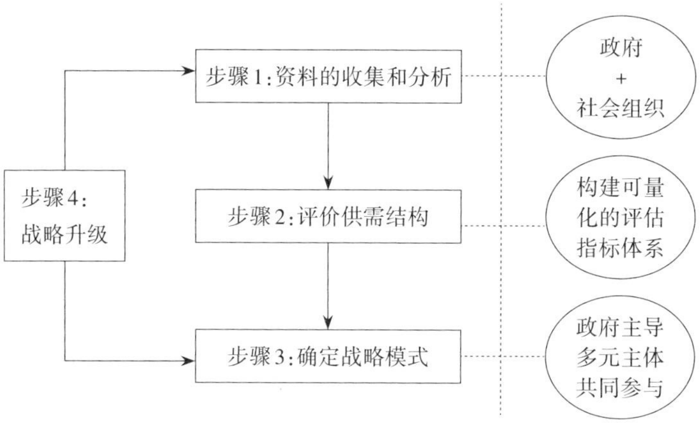

图7-6 C-E-R-O战略模式的选择流程

资料来源:根据相关资料整理

第一步,应当由政府和社会组织选择某个农村地区,通过问卷、调研、访谈等方式,对公共文化服务资料、信息进行收集和分析,掌握其公共文化服务供给的基本状况。第二步,建立可量化的评估指标体系,并运用所掌握的第一手资料和数据,评价该农村地区公共文化服务的供需结构。第三步,政府、社会组织、农村居民等共同参与,根据评估结果,即供需关系的匹配程度,选择具体战略模式并付诸实施。

当某一种战略模式实施好之后，可以进行第四步的战略升级。战略升级之后可以再重复进行第一、第二、第三步，以此循环。只有遵循上面的条件，逐步提高战略模式的等级，最终才能够实现农村公共文化服务供给的优化和提升。

第八章
重庆市农村公共文化服务供给战略的转化升级

在前文的内容中，提出了重庆市农村公共文化服务供给的4种战略模式，并分析了其基本特征。本章重点论述这4种战略模式的战略选择与升级路径，从供、需、发展程度三个维度出发，构建三维转化战略模型，并对构建原则、构建方式，以及转化升级的动力和路径进行重点阐述。

第一节　三维战略转化升级模型

一、三维转化升级战略的构建

重庆市农村公共文化服务供给是一个动态发展的过程，随着政治、经济、社会等环境的变化而发展，之前选择和适用的供给战略也要进行重新选择或转化升级。因此，以供、需、发展程度三个维度，构建三维模式选择矩阵式模型（即重庆市农村公共文化服务供给的三维转化战略模型），旨在探究战略模式转化的升级路径（见图8-1），其中培育型战略为初级战略，扩展型战略与改革型战略为中级战略，优化型战略为高级战略（即理想战略），据此实现供给战略的转化升级。

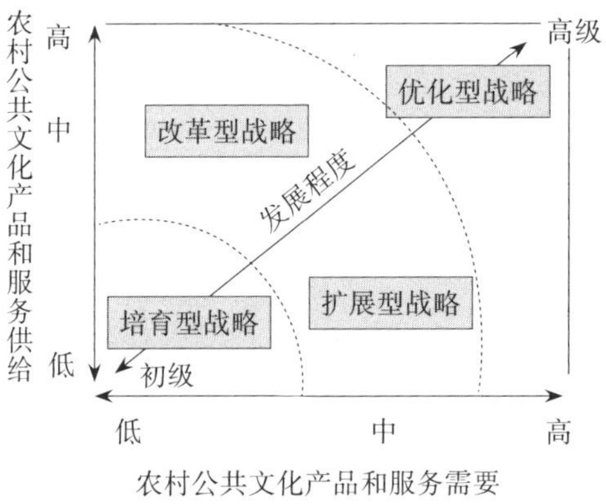

图8-1　农村公共文化服务供给的三维转化战略模型

资料来源：作者自制

重庆市农村公共文化服务供给三维转化战略模型的构建，主要从要素确定、发展过程和转化升级这3个方面来论述。首先进行要素确定，选择供、需、发展程度这3个要素作为构建战略模型的维度，根据调研、访谈和农村公共文化服务发展的实际情况来确定，以供给主体的供给程度和农村居民的实际文化需求状况为轴线，根据这两者的发展程度对供给过程进行划分，可分为培育型、扩散型、改革型、优化型4种战略模式。从该模型的发展过程来看，其内生驱动力是农村居民对于公共文化服务需求的增加，外在驱动力是社会经济的发展和国家对发展农村公共文化的重视，有经济能力了政府才能去推动农村公共文化更好地发展。公共文化有缓和社会矛盾、塑造人的世界观的作用，在整个农村社会发展中的地位和作用越来越重要，因此公共文化的供给力度和农村居民的文化需求都得到很大程度的增加后，从扩展型和改革型战略模式逐步向优化型战略模式靠近，逐渐趋向最理想的战略模式。

三维转化战略模型具有如下特征：首先，该模型是以供、需、发展程度三个维度为主要构建因素，三者缺一不可，它们之间是相互独立的，共同作用于农村公共文化服务这个客体。同时，该模型以供给侧结构性改革为指导，主要以优化农村公共文化服务需求与供给的关系为基础，以农村公共文化供给的实际发展程度为主轴，辅助C-E-R-O这4种战略模式进行转换升级。其次，该模型非常直观地体现了农村公共文化服务供给的战略模式及发展历程，可以为当前重庆市农村公共文化服务供给提供参考和对照，明确各自农村区域的公共文化服务发展处于哪一个阶段，应该主要采取哪一种战略模式，这为农村公共文化服务的发展提供了战略选择和判断依据，也为重庆各个区县提出了参考性的公共文化服务供给的发展目标，即以实现初级战略（培养型战略）向实现高级战略（优化型战略）转变为努力方向。最后，该模型中的中级战略即扩展型战略和改革型战略没有必然的先后关系，具体战略的选择根据实际的供需关系来确定，它们都可以直接向高级战略即优化型战略升级。4种战略模式之间的转化升级是一个渐进的过程，是以特定社会、经济和文化的发展为条件和基础的，不能一蹴而就，它是一个循序渐进、由量变到质变的进程。培育型战略模式不能直接转化为优化型战略模式，必须要经过扩展型或者改革型的阶段进行过渡，且每一个阶段的战略模式都是以客观的农村公共文化服务供给和需求来界定的，并非主观上机械选择的结果。优化型战略模式是一种理想状态的战略模式，是政府在供给公共文化服务的过程中不断接近理想的一种状态，要真正达到这种状态，还需要不断探索和长期的努力才能完成。

二、三维转化升级战略的原则

1.兼顾公平与效率原则

在农村公共文化服务供给过程中，不能因为效率而忽视公平。在追求农村公共文化服务供给的公平时，肯定会限制效率的提高；相反，若只追求其效率，势必会牺牲一定的公平性。因此，需要将二者有机统一起来。政府公共文化管理部门在农村公共文化服务供给进程中，精简或下放部分公共文化事务的职能的同时，更要注重政府、市场以及社会三者之间的协调统一，同时兼顾效率与公平。所以，农村公共文化服务供给在进行三维战略转化时，要坚持效率与公平兼顾的原则，并建立灵活、科学的监管机制，保证二者的平衡。

2.经济导向原则

社会文化发展要以经济发展为基础，所以三维转化战略模型在构建和发展升级的过程中，需要以社会和经济发展为驱动力。培育型战略模式，是农村公共文化服务早期的供给模式，因经济发展水平和经济总量有限，用于公共文化服务发展的资金和资源也就有限，如何获得更好的生存、生产和生活条件，才是整个村民群体的基本需要，也是最重要的需求。这个阶段公共文化服务的客体对于公共文化服务的需求较弱，处于被动接受的层面。随着经济和社会的发展，经济总量不断增加，农村居民生活条件得到了极大的改善，对于公共文化的接受也由被动转向主动，需求从同质化走向个性化。这种经济发展所带来的变化，推动三维转化战略模型升级和优化。

3.可持续性原则

三维转化战略模型的这4个阶段是不间断地持续升级优化的过程，在这个过程中，从培育型战略模式到扩展型、改革型，再到最后的优化型战略模式，体现了重庆市农村公共文化服务供给过程中，其政策、供给主体、供给客体等战略模型中的构成要素处于一个持续变化发展的过程。因此，该模型中每一个需求和供给阶段都要对应其相应的战略模式。由于农村的公共文化服务需求是不间断的，因此供给过程也是一个不间断的过程。这种可持续的发展在农村公共文化服务供给过程中，应依据拥有的人力、物力、财力、技术、信息等资源条件，并根据需求的变化不断调整供给方式和内容，以实现可持续性发展和供给，这也是模型构建和优化升级过程中必须遵循的原则。

4. 整体性原则

三维转化战略模型是一个包含供给主体、供给资源、供给客体、公共文化政策、供给方式等多方面因素的一个模型，在其构建和转化升级过程中，需要考虑到多方面条件的变化，尤其是农村公共文化服务需求的变化。因此，三维转化战略模型的构建及升级过程应该考虑到供给过程的整体性，不能仅仅从某一个角度来定义战略模式。其中，供、需、发展程度这三个维度，所反映的就是三维转化战略模式中所包含的多元因素，三个维度都处于动态发展的过程中，从供给所需的资源，到农村居民的实际文化需求，都应该坚持整体性原则，做到多元因素之间的合理有效配置。

三、三维转化升级战略的内容

重庆市农村公共文化服务供给的三维转化战略模型，是一个以供、需、发展程度为维度的系统，具有系统性和整体性的特征，具体如图 8-2 所示。其主要内容包括：第一，三维转化战略模型是在供需匹配的基础上充实和优化供给内容，从供需错位转向“以需定供”，优化供给结构，推动供给方式多元化。第二，该模型的应用要注意不同区域之间、不同主体之间、不同环节之间的“真空”地带，弥补供给的空白和疏漏，明确划分交界区域的权责和分工，完善协作机制，加强政策协调。第三，需要构建可量化的考核体系，除了对供给过程中相关主体的行为和履职能力进行考核以外，还需要对供给实效进行量化考核，以实时掌握供给进度和供给质量。第四，构建三维转化战略模型的目的就是实现由单一供给主体到多元供给主体的转变，形成政府、社会力量、市场、农村居民等共同参与的模式，以提高供给效率，推动C-E-R-O战略模式的转变。第五，在三维转化战略模型的发展升级过程中，对供给主体、供给内容和供给过程的监管非常重要，因此"人—财—物"三位一体的管理监督体系是该模型中非常重要的一个组成部分，是规范供给主体行为、落实供给责任的关键措施。最后，以上所有内容的开展，从供给前期、供给中期到供给后期，以及模型的转化升级过程，都必须要有完善的法律法规和政策来指导，完善的公共文化法律法规是三维转化战略模型的基本保障。

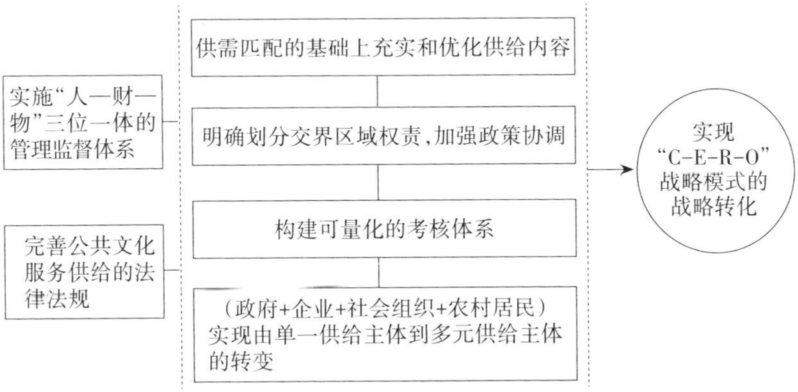

图8-2 重庆市农村公共文化服务供给三维转化升级战略模型的内容

资料来源：作者整理

第二节 三维转化升级战略的实施

重庆市农村公共文化服务供给的三维转化战略模式能否顺利实施,决定着农村公共文化服务供给的质量和水平,科学、高效的战略实施是农村公共文化供给的目标得以实现的重要保障。

一、三维转化升级战略实施的原则

第一,系统性原则。农村公共文化服务供给的三维转化战略模式是一个庞大且复杂的系统工程,需要在总体战略的基础上全盘考虑,进一步制订相关的子系统战略。例如,处于不同的发展阶段或者不同的区位,在定位、项目、形式、人才、资金等方面应有不同的应对战略,以发挥农村公共文化服务供给各个环节和各子系统的能动性,同时也要增强其协调性,从而产生战略实施的合力。

第二,权变性原则。农村公共文化服务发展的整体环境发展较快,三维转化战略模式也是在这样一个变化的环境中运转的,面临的外部环境存在一定的不确定性。虽然关于宏观政策、规章制度等方面的变化趋势相对容易把握,但是在涉及市场主体时就难以把握其变化速度和节奏。所以,在实施三维转化战略的过程中,应该对实施方案进行预测,留有余地,坚持弹性原则和动态原则,从而在面临环境变化时能够及时应对。另外,由于各区县的环境不同,战略实施的时段不同,应当坚持权变原则,因地制宜、因时制宜地采取适合的战略实施策略,并持续进行优化和调整。

第三,积极性原则。三维转化战略的实施,需要对其战略内容进一步分解和细化,以达到解决实际问题的目的。所以,需要充分调动农村公共文化服务系统中的供给主体、农村居民、参与者和辅助者的积极性才能保障整体战略的有效实施。所有参与者应抱着高度的使命感和积极认真的态度,做好迎接困难和挑战的充分准备,为战略的顺利实施打下坚实基础。

二、三维转化升级战略实施的驱动力

在战略实施的过程中有许多因素影响着战略的具体行动,这些因素共同构成了三维战略模式转化升级的推动力(见图8-3)。三维模式转化升级的推动力来自6个方面,分别是资源配置、组织机构、组织文化、信息系统、管理人员和奖惩制度。

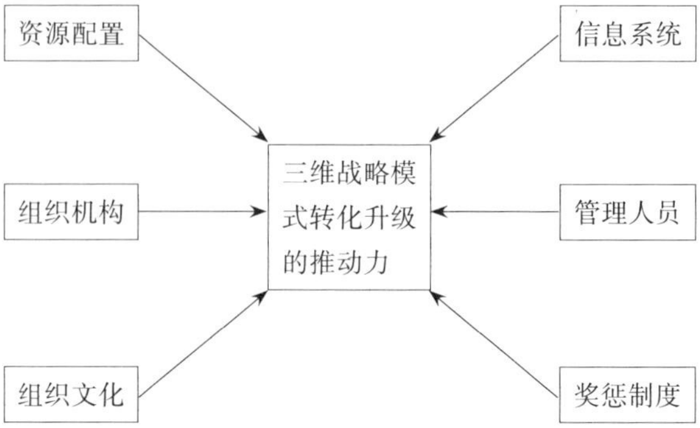

图8-3　三维战略模式转化升级的推动力

资料来源:作者根据资料整理

第一,资源配置的推动力。公共文化资源具有独特性、稀缺性和难以复制性,在战略实施过程中具有非常重要的地位和作用。在农村公共文化服务供给中,尤其是在其三维转化战略的实施进程中,资源的重要性尤为突出。公共文化服务供给的资源配置是否合理,直接影响到总体战略目标能否实现。在认清资源配置对三维战略模式转化升级推动作用的前提下,需要高度重视公共文化资源的重要性和必要性,树立资源节约意识,充分地调动公共文化资源,优化城乡之间、区域之间的公共文化资源配置,只有在资源配置合理充分的前提下,重庆市农村公共文化服务供给模式才能不断优化升级。

第二,组织机构的推动力。组织机构是战略模式转化升级的重要推动力之一。在重庆市农村公共文化服务供给的三维转化战略模式运行中,为保障战略模式的转化升级,应该建立系统的公共文化服务供给组织机构,推进4级服务网络建设,明确任务分工,落实管理责任,完善合作制度,优化管理队伍,增强协同能力,同时需要加强各个部门与基层公共文化服务人员及农村基层组织之间的沟通。

第三,组织文化的推动力。良好的组织文化会对三维转化战略起到重要的推动作用,不良的组织文化将妨碍组织战略实施,甚至使公共文化服务供给水平倒退。农村公共文化服务供给是一个需要高度的责任感和前瞻意识,甚至需要有强烈情怀的工作。所以,在整个农村公共文化服务供给的过程中,需要形成良好的价值认同,提高管理人员的责任感和农村居民的主体意识,这样才能推动战略模式的转化升级。

第四,信息系统的推动力。农村公共文化服务供给战略模式的转化与升级,必须以供给信息的收集、整理、分析及运用为基础。特别是在农村公共文化服务供给的三维转化战略实施进程中,信息的准确性和客观性尤为重要。因此,信息系统建设至关重要。战略实施前,需要加强对战略模式的宣传和解读,从而形成观念和行动的一致性;战略实施中,需要建立跨主体、跨部门的跨组织信息系统,实现信息互通和共享。经过整合和提炼的相关信息应当进行多向互通,保持各个实施环节和各参与力量的信息畅通,经过“上下来去”的过程促进各环节之间相互理解。同时,需要及时通过信息反馈,对下一步战略进行调整。所以,在整个战略模式转化升级的过程中,各个部门和参与主体都应做好信息的沟通和反馈,以确保战略模式能进行优化升级。

第五,管理人员的推动力。农村公共文化服务的管理人员,在三维战略模式转化升级中是引领、协调的核心,是战略模式转化升级的最关键因素。管理人员在农村公共文化战略模式转化升级中,应当提高凝聚力、执行力和自觉性,充分发挥自身的主观能动性,将战略推进落实于细节和行动之中;要主动思考和实践,强化战略执行能力和协作能力;应加强对农村居民公共文化服务需求的了解,深入农村公共文化服务第一线，下沉到基层，和群众同心同力，建立良好的群众基础。同时，管理人员要加强责任感和紧迫感，尽力发挥有利因素，破解制约条件，推进战略转化升级。此外，地方政府、高校、专业培训机构等应联合培养农村公共文化服务的专业人才，为提高农村公共文化服务管理人员素质、专业水平，强化执行力奠定良好基础。

第六，奖惩制度的推动力。农村公共文化服务的三维转化战略是一个比较复杂的系统，在各个阶段、各个战略模式中涉及参与主体多、人员多、内容多、资源多，若没有一套有效的奖惩制度、激励制度和责任追究制度，势必会影响其战略模式的转化与升级。因此，一方面要有积极的激励奖励制度，另一方面也要制订严格的责任约束制度。在战略转化实施过程中，先进组织、集体、个人和典型正能量事件等要进行奖励和大力宣传，对于无所作为、被动消极的人员提出警示，造成严重失误的还应追究责任。只有制度层面不断健全和完善，才能为三维模式的转化与升级提供强有力的保障与推动。

三、三维转化升级战略实施的基本类型

借鉴战略管理相关理论，本书将三维转化升级战略实施的基本类型分为合作型、指挥型、变革型和文化型这4种基本类型。

1.合作型

在农村公共文化服务三维转化战略主客体的前期沟通环节，政府

公共文化管理部门负责人应同具体管理人员，社会组织工作人员，乡镇、村（社区）的负责人和农村居民代表等，共同讨论战略实施问题，拟定战略实施的流程，细分战略实施计划，对战略实施的环境等问题进行深入和广泛的讨论，获得更全面的信息，达成统一的意见和共识，之后再进行贯彻实施，从而提高三维转化战略实施的成功概率。该战略便于调动工作人员、社会组织、农村居民的积极性，比较适合在具有一定公共文化基础、合作氛围良好的农村地区运用。

2. 指挥型

在农村公共文化服务供给的三维转化战略的快速推进环节，具体的管理团队或工作人员向公共文化部门负责人提交战略报告，经其检查、审定和修改完善后，负责人向各环节工作人员发布具体的战略类型，要求各环节工作人员执行。这种战略实施模式速度快、效率高，便于体现公共文化管理部门领导者的决策，但可能会影响农村基层工作人员的主动性和创造力，需要根据实际情况谨慎运用，相对来讲，比较适合在传统的农村地区或公共文化基础不太好的地区运用。

3. 变革型

在农村公共文化服务供给的三维转化战略的环境适应环节，政府公共文化管理部门负责人具有强烈的变革意识，对环境变化的感知非常敏锐，因此会对农村公共文化服务供给的管理体系进行一系列的变革。负责人针对实际供给中的具体情况和突出问题，通过构建新的管理系统、决策系统、管理流程、信息系统、技术系统和组织结构等，提高战略的环境适应性和匹配度，从而使三维转化战略更加符合农村公共文化服务的实际需求，也更容易得到贯彻落实，提高战略实施的成功率。该战略比较适合在具有创新意识和变革精神的农村文化管理部门和观念较为先进的农村地区运用。

4.文化型

在农村公共文化服务的三维转化战略的对接过程中,公共文化部门负责人通过宣传、洽谈和讨论等方式,持续地与公共文化工作人员、农村基层管理人员、农村居民代表等解释、探讨各项战略的思考和认识,进行思想上的交流和碰撞,从而形成大家认同的价值观和行为规范,让所有参与者在共同信念和认知的基础上参与到战略实施中。这种战略实施模式调动了农村公共文化服务供给参与者的积极性,提高了他们战略执行的能力,能够促进战略得到高质量执行,但是对执行人员的素质要求较高。因此,该战略比较适合在公共文化发展基础较好、工作人员具有良好的战略意识和战略执行力的农村地区运用。

以上4种战略实施模式在制订与实施过程中,适合于不同发展阶段、不同公共文化基础和环境的地区,对公共文化管理部门负责人和工作队伍也提出了不同的要求。所以,应当根据当地农村公共文化发展的实际状况,因地制宜地选择适合的战略实施模式,并随着环境和基础条件的改变而调整。同时,在农村公共文化服务的三维转化战略实施进程中,这4种战略实施模式往往可以组合使用,相互补充,扬长避短,从而有效提高实施效率。

四、三维转化升级战略实施的主要途径

1.构建可量化的考核体系

要实现农村公共文化服务供给战略模式的转化升级，必须清晰掌握当前农村公共文化服务的实际状况，这就需要进行考核和评价，因此构建一套可量化的考核体系是掌握实际情况的关键。完善的考核和评估机制，有利于保障农村公共文化服务供给的质量。具体而言，完善考核和评估机制应从以下几方面着手：

一是实现评估主体的多元化，充实评估力量。当前农村公共文化服务供给体系的评估工作应与政府职能转变接轨，应当根据评估的目标、内容和要求，重视农村居民和社会组织的作用，吸纳乡镇、村（社区）领导、农村居民代表、社会组织负责人和承接公共文化服务的单位负责人等参与评估，实现评估主体的多元化，保证评估效度和信度，认识和把握农村公共文化服务供给的真实状况。通过综合考量各评估主体的技能、影响力、权威性和评估成本等因素，完善其评价技能和方式，充分发挥他们的优势和作用。

二是制订完善的评价指标体系。从针对性、激励性、丰富性、实用程度、教育意义、技能提高等角度出发，科学设定农村公共文化服务供给的指标体系，并对其具体指标进行清晰的界定。评价体系应体现系统性、完整性和针对性，既能评价总体问题，也能针对具体问题得出评估结论。

三是建立完善的考核评价制度。制订农村公共文化服务供给的考评制度，明确其具体评价机构、时间、方式、内容和程序等，并在指标

体系的基础上开展考核与评价,对各乡镇、村(社区)的具体评价情况建档立案,找准改善农村公共文化服务供给的着力点。

2.实现供给主体由少到多的转变

在农村公共文化服务供给模式的升级过程中,供给主体的构成、各主体的地位以及各自能发挥怎样的作用都十分重要。在培育型模式向扩展型模式、改革型模式乃至优化型模式的升级过程中,供给主体由以政府为主的供给模式向政府、市场、社会组织协同供给转变,多元力量发挥专业优势形成合力,改善农村公共文化服务供给质量,促进战略模式向优化型转变。除了政府、企业、社会组织等主体外,农村居民既是供给客体,在一定意义上也是供给主体。所以,使农村业余文艺团体和个人参与到农村公共文化服务的供给中,将会极大地提高供给的数量以及农村居民对农村公共文化供给的满意度。让农村居民参与公共文化服务的供给,可采取以下途径:

首先,提高农村居民自主供给的主人翁意识与主观能动性。在农村公共文化服务活动中,农村居民大多习惯被动地接受,而主动参与的意识有所欠缺。所以,政府公共文化部门首要的工作是进行政策宣传,采取激励措施鼓励农村居民参与,提供条件支持农村居民参与,创造机会强化农村居民参与,以此提高他们参与的兴趣和积极性,帮助他们树立农村公共文化建设的主人翁意识。

其次,扶持农村业余文艺团体。我国农村具有悠久灿烂的农业文化和历史传统,农村具有说、唱、演等特殊技能的各类人才和业余文艺团体众多,有不少还是非物质文化遗产传承人,他们具有自发性、灵活性、多样性等特点,而且最熟悉农村环境、风俗习惯和农村居民自身的文化需求,因此能够在农村公共文化服务供给中发挥重要作用,他们也是不能忽略的一支重要力量。农村业余文艺团体不仅能丰富成员自己的文化生活，还能满足其他群众的精神文化需要，以及传承传统文化，培养地区特色的公共文化服务人才。所以，政府公共文化管理部门可以加大对农村业余文艺团体的扶持力度，通过提供资金、资源、人员培训等方式予以切实帮助，激励他们提供更多更好的公共文化服务。

再次，鼓励农村居民自办公共文化服务活动。在农村发展的历史过程中，形成了诸多具有独特魅力、贴近生活的自办文化活动，如舞蹈、小调、剪纸、舞龙、舞狮、划龙舟、拔河、扭秧歌、皮影戏、猜谜等，受到人们的喜爱，因此这些也是农村公共文化服务的重要组成部分。此外，这些活动的主体即农村居民本身，所以更具参与性、乐趣性和生动性，更容易吸引农村居民尤其是农村青少年参与其中，促进了农村文化的传承与发展。因此，应大力倡导农村开展类似的自办活动，制订农村特色文化传承计划，培养非物质文化遗产传承人，并为他们提供场地、资金、设备等支持。同时，还可以设立相应的奖励制度，鼓励各乡镇、村（社区）以及各参与者之间开展文化竞赛活动，激发他们的参与乐趣和积极性。

3.创新和优化供给方式

在推进供给侧结构性改革的大背景下，农村公共文化服务供给模式优化升级的本质是要转变供给机制，建立“以需定供”的供给模式。在“以需定供”的前提下，农村公共文化服务供给还应逐步实现质的提高和优化。比如重庆市农村的公共文化活动开展多是集中在村委会附近，来参与活动的群众多是村委会附近的老年人，其他居住在距离村委会较远的、住所相对偏僻的群众基本无法享受此类文化活动。因此，可以鼓励、指导农村居民建立业余的演出团队，形成政府主导、社会参与、群众自创的公共文化供给模式。同时，在传统供给方式基础上，政府公共文化管理部门应运用大数据、智能化等现代技术手段，更直接地摸清农村居民关于公共文化服务的真实需求，并通过互联网、客户端等载体，开展网上公共文化服务活动。这种线上和线下相结合的方法，能有效提高农村居民参与公共文化活动的便利性，降低参与成本。

4.明确划分交界区域权责，加强政策协调

由于部分农村交界区域的权责划分不清，导致这些交界区域的农村公共文化服务供给在一定程度上出现“真空”，公共文化服务供给很难落实好、落实细，甚至几乎没有。因此，农村公共文化服务供给的战略模式升级，需要明确划分农村交界区域相关的权责，明确责任归属，加强政策协调。可以着重从以下两个方面着手：

一是重新标识交界区域，划分权责主体。重新标识交界区域主要是界定相邻的区县与区县之间、乡镇与乡镇之间、村与村之间的农村交界地带。首先，上级主管部门应对交界区域进行摸底建档，提出明确的权责要求，而该地区领导应该树立大局意识，重视和支持上级部门的职责划分。各相关管理部门和工作人员应主动承担责任，履行职责，确保负责的区域内公共文化服务活动有效开展。其次，相关部门应加大对农村交界区域的财政支持，解决好政策执行成本分担问题，为开展公共文化服务活动提供有力保障。最后，相关主管部门要制订专项管理制度，以文件形式确定交界地带的公共文化服务权责主体，建立责任追究制度，督查交界区域开展公共文化服务活动的情况。

二是加强农村交界区域基层政府间的沟通协调。农村交界区域公共文化服务权责清晰了，才能有效开展服务活动，但是同时这些区域因为天然的情感和联系，又应紧密合作，联合提高公共文化服务效果，提高农村居民满意度。在沟通协调过程中，首先，要注意明确责任，协调处理基层政府间利益和责任的关系问题。其次，要合力打通公共文化服务“最后一公里”，提高政府的执行力和公信力。再次，上级部门要高度重视和支持，制订监管和反馈制度，对基层政府间沟通情况开展定期督导和长期跟踪。最后还要制定交界区域基层政府间的协同沟通机制，定期召开联席会议、专题会议，加强现场联合办公的力度，解决关键瓶颈问题，促进公共文化服务人员的交流和相互理解，增进相互信任和支持，真正保障交界区域农村居民的公共文化权益。

5.实施“人—财—物”三位一体管理监督体系

建立严格的公共文化活动监管机制和责任追究制度。农村公共文化服务供给不足的部分原因是缺乏监督。以公共文化活动开展为例，政府相关部门明确要求乡镇每年为各村购买的演出服务不低于4场，而实际并未达到该标准，因此加强农村公共文化服务活动的监管非常重要。政府不仅要制订农村公共文化服务活动开展的标准，还要建立实施过程的监管体系，确保政策落实到位。因此，强化责任追究制，建立第三方组织检查评估机制，加强对农村公共文化服务活动的监管，提高农村公共文化管理人员的执行力和责任感。

建立财政监管机制确保财政投入落实到位。近年来，农村公共文化服务的财政投入有了大幅增长，但随着经济发展水平不断提高和获取信息的方式日益丰富，农村居民对于公共文化服务提出了更高的要求，因此财政部门要加强对此的投入，改善公共文化服务的基础条件。同时，需要加强对资金、设施的管理和使用的监督，加强上级、平级和群众的多重监督，建立透明的财务制度，强化信息公开和检查审计，防止资金浪费，提高资金使用效率。

第九章
重庆市农村公共文化服务“1+4”供给侧结构优化机制模型

第一节 “1+4”供给侧结构优化机制模型的构建

持续推进重庆市农村公共文化服务供给优化，需要推进机制加以支持、协调和保障，从而促进各个环节之间的衔接和互补，保障整个体系的顺利运行并实现预期目标。因此，如图9-1所示，构建了重庆市农村公共文化服务供给的“1+4”供给侧结构优化机制模型(1个核心层面+4个基本层面)，1个核心层面就是推进农村公共文化服务供给持续优化，4个基本层面由需求导向机制、竞争机制、激励机制、可持续保障机制构成。在把握农村居民实际公共文化需求的基础上，须调动社会多元主体的力量，通过竞争机制和激励机制将其积极性调动起来，从政策、信息、技术、资金、人才等方面着手，加强资源的保障，推动农村公共文化服务供给的持续性发展。这4种机制之间相辅相成，构成农村公共文化服务供给的"1+4"供给侧结构优化机制模型，且处于动态的发展过程，它们相互联系，相互影响，共同作用于农村公共文化服务这一整体，构成了良好的农村公共文化服务供给环境，提高了公共文化资源的使用效率，更好地保障农村居民的基本文化权益和个性化的公共文化需求。

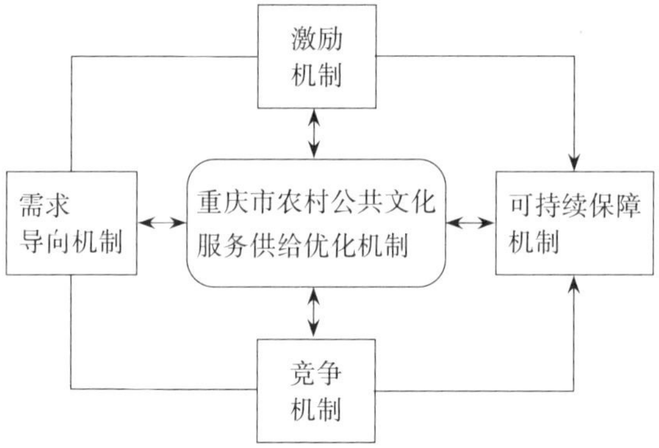

图9-1 农村公共文化服务供给的"1+4"供给侧结构优化机制模型

资料来源：作者整理

基于重庆市农村公共文化服务供给的现状和特征，"1+4"供给侧结构优化机制模型的构建和运行，要遵循可持续发展原则以及共建共享原则。在该模型构成要素中，以社会组织、企事业单位、农村居民等社会力量为主体，政府在其中主要承担服务和协调的职能。充分发挥社会主体的力量，协调多元主体之间的利益关系，促进制度与政策完善，是该模型构建的重点。需求导向机制、竞争机制、激励机制、可持续保障机制这4种机制，分别对应公共文化服务供给的相关主体；需求导向机制对应农村居民，竞争机制对应社会主体，激励机制对应政府部门，可持续保障机制是对前面三者的一个保障，四者相辅相成，缺一不可。

第二节 重庆市农村公共文化服务供给需求导向机制的内容

需求导向机制的内容，主要是基于在对重庆市农村公共文化服务需求特点进行分析的基础上，“以需定供”，建立和完善相关机制来保障公共文化服务按需供给。因此，如何把握重庆市广大农村地区公共文化的需求特点，来制订公共文化服务供给是一个重要的任务。重庆具有显著的“大城市、大农村”的特点，农村人口占比较大。如表9-1所示，《重庆市2018年国民经济和社会发展统计公报》数据显示，截至2018年，重庆市农村人口占比34. 5%，大部分农村地区经济社会发展相对滞后，农村公共文化服务的供给呈现一种非均衡的状态，即“供不应需”，加之重庆特殊的丘陵和山地地形，面对的困难更大。因此，建立农村公共文化服务供给的需求导向机制，具有紧迫性。

表9-1 2018年年末重庆市常住人口及其构成

指标	年末数(万人)	比重(%)
全市常住人口	3101.7968	100.0
城镇	2031.5968	65.5
农村	1070.20	34.5

资料来源：《2018年重庆市国民经济和社会发展统计公报》

农村公共文化服务需求导向机制要求以政府作为公共文化服务供给的最重要主体，充分发挥社会主体的力量，根据实际需求调整公共文化服务的供给内容，共同致力于保障农村居民公共文化服务权益，提高服务效能。

一、重庆市农村公共文化服务需求的现实特征

参考孙志亮、杨焕玲①关于农村公共产品的需求特性分析，重庆市农村公共文化服务需求的现实特征主要体现为层次差异性、地区差异性和个体产异性。

1.层次差异性

农村居民的公共文化服务需求具有层次性，人的基础需求高于文化需求，所以在调研中发现不少农村居民参与文化生活的积极性不高，其中的重要原因是因为较低层次的需求未得到满足。这说明要提高农村群众的公共文化参与积极性，必须首先解决好农村的发展问题。根据问卷调查，我们发现，农村居民对于健身器材、文化活动室、文化广场的需求高于对农家书屋的需求，部分经济发展落后、偏远地区的农村居民甚至对公共文化服务没有概念，没有主动去享受公共文化服务的意识，而是对农业生产、医疗健康有更大的需求。例如，在对巫溪县文峰镇、万州区金福村、北碚区转龙村等进行调研的过程中，超过一半的农村居民都表现出了以上需求。另外，在实地调研的过程中，对农村居民公共文化服务的优先次序进行了排序，其排序结果与

①孙志亮，杨焕玲.山东省农村公共产品供给的需求导向机制研究[J].农业科技管理，2012，31(5)：63-66.

政府公共文化管理部门供给的顺序存在差异。表9-2反映了重庆市农村公共文化活动的供需差异情况，表中的供需位序比是通过需求量减去供给量，最后除以需求量所得，其中负位序比表示供过于求，正位序比表示供不应求。从表中可知，放电影是处于供过应求状态，而送戏、文艺演出、发放书籍、科普讲座、大学生“三下乡”等文化活动都是处于供不用求阶段，其中以送戏和科普讲座尤为明显，供需位序比分别达到67.39%和59.38%，表示这两种文化活动供给量明显不足，与农村居民实际需求量相差太远。这表明重庆市农村公共文化服务发展不均衡，对于满足农村居民实际生产需求的科普讲座等服务供给较少。由于不同需求层次对于公共文化服务需求的侧重点不同，导致农村整体供给状况不乐观，需要政府公共文化部门根据差异化的层次需求，提供具有针对性的公共文化活动和项目。

表9-2　重庆市农村公共文化活动供需差异

公共文化活动类型	供给	需求	供需位序比
放电影	178	163	-9.2%
送戏	30	92	67.39%
文艺演出	169	221	23.53%
发放书籍	17	20	15%
科普讲座	13	32	59.38%
大学生“三下乡”	30	31	3.2%
其他类	49	21	—
总计	486	580	—

资料来源：根据调查数据整理

2.地区差异性

农村公共文化服务的需求或偏好呈现出较强的地区差异性，地区经济发展水平、地区公共产品的供给现状、政府的重视程度、地区对农村建设的投入力度等方面的不同，会直接影响到农户对公共文化服务的需求。[①]对于重庆市经济发展水平较高的农村地区来说，公共文化设施的建设和文化活动的开展都较规范，多数农村居民对公共文化服务表示满意，公共文化设施如文化活动室、农家书屋、健身设施的利用率也更高，参与文化生活的意愿更强烈，积极性和主动性更高。对于“相对偏远”的农村地区，如北碚区转龙村、沙坪坝区凤凰村，也较“更为偏远”地区农村的公共文化服务建设要好。例如，云阳县、开州区、巫溪县等地的农村地区，农村居民更关心的是医疗卫生保障、养老服务等方面的内容，而对于公共文化服务的关注度较小。另外，少数民族地区的农村虽有一般农村公共文化服务需求的共性，但也有自己的民族文化特性。比如酉阳是土家族、苗族的聚居地，除了需要一般的公共文化服务之外，对于本民族的文化需求也占很大的部分。所以，针对民族地区，政府公共文化管理部门应该在促进基本公共文化服务建设的同时，促进民族文化的发展。

3.个体差异性

农村居民对于公共文化服务的需求受多种因素的影响，体现出较为明显的个体差异性。通过调查得知，城乡在公共文化服务需求方面具有较大的不同，即使在农村群众内部也存在很大的个体差异性，上述因素都会影响其对农村公共文化服务的偏好。例如老年群体对于

①孙志亮，杨焕玲．山东省农村公共产品供给的需求导向机制研究[J].农业科技管理，2012，31（5）：63-66.

公共文化的偏好侧重于看戏、看电影一类的文化活动，而年轻人则希望得到更多的关于农业生产技术、农村电子商务、互联网等方面的专业知识培训，获得更实用的技巧。受教育程度不同，对农家书屋感兴趣的程度也不一样，教育程度较高的群体对农家书屋更感兴趣，例如退休的老干部、教师、工人等。根据农村居民需求的变化来改变公共文化服务供给的内容，尽可能建立动态的需求满足机制，这个目标的实现难度较大，因此让社会力量参与，具有必要性和紧迫性。

二、重庆市农村公共文化服务供给需求导向机制的构建

通过以上对重庆市农村地区公共文化服务需求特征的分析，可以对整体的需求状况进行把握和了解。结合对调查数据的分析，发现农村公共文化服务呈现需求多样化和个体差异性的特点。因此，应着力构建农村公共文化服务需求导向机制，以需求为导向，通过共性和个性相结合的供给方式，保障农村居民公共文化权益。结合重庆市农村公共文化服务供给现状，构建农村公共文化供给的需求导向机制，应从以下几个方面着手：

1.建立反映农村居民实际公共文化需求的表达机制

建立公共文化需求表达机制主要是为了提高和激发农村居民的主体意识，畅通表达、建议、互动和倾诉渠道，丰富反馈方式。

首先，提高农村居民的文化素质。根据调查情况，很多农村居民对于公共文化服务的内容并未完全知晓，对于公共文化政策以及自己应有哪些文化权益不是十分清楚，即使对于公共文化服务供给不满意，也无法准确表达出来。因此，建立好农村公共文化需求表达机制，首先要提高农村居民的文化素质和知识水平，从而能够增强其需求表达的意识和能力。应加强农村地区的职业教育、文化教育和技术培训，比如政府部门出台重要文化政策时，可采取集中学习与分散学习、网上学习与现场学习相结合的形式，向农村居民进行宣讲。可以充分利用当地学历较高以及有威望的人进行宣传讲解，如村干部、村里的大学生等，能达到事半功倍的效果，使公共文化政策更容易被理解。帮助农村居民树立合法享受权利和维护权益的意识，他们从而能积极主动表达对公共文化服务的真实需求和建议。

其次，建立自上而下及平行的协同机制。[①]要加强政府部门间的协同以及政府部门与各社会团体的协同，对农村公共文化服务供给相关利益主体的需求进行调研和统计，收集其意愿和具体需求，采取"推—拉"双向型运作模式，既要有政府的持续推动，也要有农村居民及文化社会团体在公共文化服务供给中扮演积极的角色，拉动农村居民参与文化生活的积极性，向政府公共文化管理部门表达公共文化实际需求。只有进行双向互动，才能有效开展公共文化服务供给，切实保障农村居民基本文化权益。

最后，加强实地调查。农村公共文化服务实现有效供给和按需供给，其前提是把握农村实际的公共文化服务需求。在获得第一手资料

①吴开松，周薇.论需求导向型的民族地区农村公共产品供给机制[J].中南民族大学学报(人文社会科学版)，2011，31(5)：125-130.

和信息的基础上，才能做出有针对性、符合实际的供给决策。因此，政府公共文化管理部门应在农村成立专门的民意调查小组，通过入户访谈、发放问卷、召开交流会和村民代表大会等方式，广泛了解农村居民的公共文化需求。同时，根据需求的变化进行动态调整和更新，建立农村居民公共文化服务需求数据库，并在村民代表大会、村民议事会和一些民主评议会中，采用公开投票的方式，让农村居民主动参与到公共文化服务供给的决策中去，行使其合法权利，充分表达其意见和看法。采取层级责任制度，将收集的农村居民实际需求层层向上传递，将每一级的责任及行政程序向社会公开，做到公开透明，保证农村真实的公共文化服务需求能够传达到政府主管部门，为政府决策提供真实的数据资料。[①]通过这些方式，可以更为科学地分析农村公共文化服务供给的顺序和重点，找准农村居民的关注点和需求点，破解公共文化服务供给中针对性不足的问题。

2.加强农村居民公共文化合作组织建设来提高群众参与度

首先，加强农村居民公共文化合作组织建设。农村居民公共文化合作组织是由农村居民构成，以推动农村文化建设和发展为主的文化组织。提高农村居民的组织化程度，引导农村居民开展新的联合和合作，是建立需求导向型供给决策机制的基础。[②]重庆市部分农村地区建立了公共文化合作组织，但是参加的人数较少，不少农村居民认为没有参加的必要，影响了公共文化合作组织功能的发挥。政府公共文化管理部门应该采取措施，提高农村居民的组织化程度和主体意识，

①孙志亮，杨焕玲.山东省农村公共产品供给的需求导向机制研究[J].农业科技管理，2012，31(5):63-66.

②刘宏凯，解西伟.农民需求导向型公共物品供给决策机制的建构：黑龙江省农村公共物品农民需求状况调查[J].学术交流，2010(3):81-84.

使其在公共文化合作组织中表达意愿,相互协作,为改善自身公共文化服务的境况贡献力量。公共文化合作组织具有灵活性和协作性的特点,较易收集农村居民对于公共文化服务的真实意见和建议,将农村居民的实际文化需求传递给相关部门和人员,保障农村居民表达文化需求的权利。因此,在公共文化服务决策中,要加大农村居民的参与权,并将农村居民的决策权落到实处,提高农村居民在整个决策过程中的比重。例如,公共文化合作组织可以在搜集农村居民文化需求的基础之上,充分征求农村居民的意见,形成文化书面建议,村委会和上级公共文化管理部门应重视书面建议的内容并及时运用。通过保障农村居民的参与权和决策权,调动农村居民的积极性,能帮助政府提供更加符合农村居民实际需求的公共文化服务。

其次,充分发挥先进人物的表率和示范作用。农村的先进人物如共产党员、领导干部、劳动模范和技术能手等,具有很强的影响力,是农村公共文化服务发展和建设的骨干,因此应注重发挥其表率和示范作用。在农村公共文化服务的供给以及反映农村居民公共文化服务需求的过程中,可先由党员、干部等倾听农村居民心声,了解农村居民的实际需求,并将收集的资料形成方案,再由农村居民公共文化合作组织全体成员进行讨论,最后进行投票修改和决定方案。经村委会审查后,将方案确定的供给决策告知群众,并上报给上级政府部门。这样更能激发广大农村居民参与公共文化服务供给决策的积极性。

3.合理配置公共文化资源

重庆市农村地区较多,而且文化基础、经济水平、风俗习惯、地形地貌等差异较大,因此应根据各区县发展实际,进行统筹规划,合理配置公共文化资源,提高供给水平,保障各地能公平地享受基本公共文化服务权益。例如，距离主城区较近的经济发展较快的农村地区，公共文化基础设施的建设已经基本完成，农村居民对于农业技术培训、传统文化传承、特色文化品牌打造等具有较高的需求，可以增加诸如此类的供给内容；在一些较为偏远的、经济发展比较落后的农村地区，要进一步完善公共文化服务设施的建设，加大医疗、养老服务等的政策宣传。就重庆市当前农村的公共文化需求来看，农村居民对于农业技术培训、科普讲座方面的文化需求呈增长趋势，喜爱文艺演出、放电影等公共文化活动的人数占比仍然最大，政府公共文化管理部门可依据实际情况，调整供给内容和数量。

第三节　重庆市农村公共文化服务供给激励机制的内容

农村公共文化服务供给中农村居民的文化权益必须坚持以人文本，这就离不开激励机制的引导、凝聚作用。激励机制是公共文化服务供给体系的重要组成部分，可调动农村公共文化管理干部的热情和责任感，增强其执行力和创造性，从而提高公共文化服务的质量和水平。因此，实行激励机制最根本的目的是要激励基层文化工作者提高自身工作能力，更好地满足农村居民对公共文化服务供给的差异化需求，同时也增强了农村居民对政府公共文化服务工作的支持和信任，从而使农村公共文化服务工作得到顺利开展。

激励机制是决定农村公共文化服务供给质量的重要因素。因此，可以借鉴企业管理的方法，在政府公共文化管理部门内部建立激励机制，提高工作人员的积极性和主动性。在当前深入推进“文化强国”战略的大背景下，在农村公共文化服务领域实施激励机制，有利于调动政府公共文化管理部门的工作人员、社会力量和农村居民的积极性，有利于整合社会公共文化资源，对于激活农村公共文化服务的活力和创造力也具有重要作用。

农村公共文化服务供给中的激励机制，就是要在公共文化规划、文化政策、资源配置和力量投入等方面向农村地区倾斜，建立专业的农村公共文化服务工作人员队伍，提高他们的工作待遇和福利，在专业技术职称评定、职位晋升、求学深造等方面给予支持，鼓励更多文化管理干部、文艺骨干、高校艺术人才、文化志愿者及其他相关从业人员参与农村公共文化服务工作，扩大农村公共文化服务工作者的规模，提高农村公共文化服务工作者的素质。另外，加大农村公共文化服务领域的科技创新投入，更多运用信息化、大数据和智能化的先进技术手段，开展农村文化产品、技术和服务创新活动，开发公共文化服务客户端，采用文化展演、文化下乡、文化大院、文化夜市、公益电影、民俗表演等方式，增强公共文化服务感染力，创造出反映新时代农村风情风貌，群众喜闻乐见，丰富多彩的，更加接地气的公共文化服务内容，使农村居民真正享受到社会主义先进文化繁荣发展的成就。

一、重庆市农村公共文化服务供给激励机制现实特征

重庆市农村地区公共文化服务供给的激励对象主要包括两方面：一是公共文化服务的对象，即激励农村居民积极参与农村公共文化服务建设，更多地建言献策；二是针对公共文化服务供给主体，促使其提高工作质量和效率，提高公共文化服务供给能力。因此，根据激励机制的对象来看，重庆市农村公共文化服务供给的激励机制有其独特性，包括以下几个方面：

1.激励方式有限

激励机制由薪酬制度、绩效考核制度、晋升制度等构成，包括具体内容的设计、考查指标的实施、激励对象的检验以及实施后的反馈和评价等，是一个完整的反馈过程。现有的农村公共文化服务供给激励方式仍比较单一，物质或者精神激励、正面激励或者负面激励多从某一个方面着手，而且农村公共文化激励体系不完善，在薪酬制度和绩效考核制度等方面没有很好地结合农村实际情况，激励体系的内容设计还须进一步改进。同时，激励大都以年度考核的方式进行，周期较长，在日常的公共文化服务中无法取得立竿见影的效果，所以激励机制的实际效果不够明显，基层文化工作者的积极性和主动性也未能得到充分发挥。

2.具有明确的激励对象

现有的公共文化服务供给激励机制，主要的激励对象是基层公共

文化服务工作人员和农村居民。基层公共文化工作者是落实公共文化政策的最后一个重要的因素,在提供农村公共文化服务供给的过程中,是政府形象的代表者。所以激励机制以基层文化工作者为激励对象,可以提高其积极性,达到激励机制的最终目的。同时,农村居民也是激励机制明确的激励对象,对积极参与公共文化服务活动、传承农村传统文化的个人加以表彰和奖励,将会调动广大群众的主动性。通过对基层政府文化工作人员和农村居民实施激励措施,可以激发供需双方的积极性和自觉性,加强双方对接和合作,从而提高农村公共文化服务供给的效率。

3.更加注重精神激励

精神激励是激励机制的重要组成部分,和物质激励一样,对激励基层公共文化服务工作人员具有重要的作用。当前基层文化部门最常见的激励方式是精神激励,通过给予基层文化工作者一定荣誉和表彰的方式来达到激励的目的,而实际的物质激励所占比重较低,存在"重精神激励、轻物质激励"的现象。基层公共文化服务实施的精神激励制度,最常见的形式就是"评先进""评模范",但在物质奖励、福利待遇、职称评定等方面有待加强。部分基层文化部门的激励方式传统,以单一的精神激励来对待所有的工作人员,没有随市场经济的发展对激励制度进行完善,而且不同地区激励方式基本相同,缺乏针对性和特色,未注重多种激励方式的搭配使用,使得现有的激励机制效率不高,缺乏时代性和创新性,难以取得良好的效果。

二、重庆市农村公共文化服务供给激励机制的构建

积极有效的激励机制可以推动培育基层公共文化服务人才的进程，在政府部门与农村居民之间形成凝聚力，营造良好的农村公共文化服务供给氛围。要促进基层公共文化服务工作人员提高公共文化服务能力、效率和积极性，就应从其未被满足的需求着手，改革和完善现有激励机制，或建立新的公共文化服务激励机制。因此，要根据重庆市农村公共文化服务机制的特性，以薪酬分配机制、激励机制、绩效评估为要素，构建农村公共文化服务激励机制，具体的框架如图9-2所示。

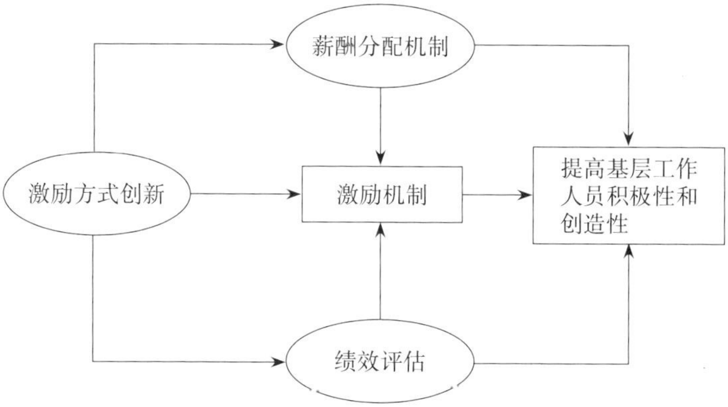

图9-2 基层公共文化服务供给激励机制模型

资料来源：作者整理

1.实施科学的薪酬分配机制

激励机制实施的前提和基础是建立科学的薪酬分配机制，在农村公共文化管理部门实现薪酬的合理设置和发放，也是完善公共文化部

门薪酬体系的重要内容。促进薪酬分配的科学化和规范化，不仅要做到程序科学，还要做到内容科学，根据绩效考评的结果发放绩效工资和奖励，实施差别化的薪酬分配机制，可以避免传统的按级别发放薪酬的弊端，在保证公平的前提化提高管理效率。

在乡镇一级的基层公共文化管理部门，绝大多数工作人员承担着大量的、繁重的任务，而能够晋升到较高职位的人所占比例比较小，其工作的价值无法通过薪酬的方式来体现。因此，基层处于物质缺乏境地的公共文化服务群体需要物质激励，就需要通过科学的薪酬分配机制，以差别化的薪酬设计以及配套政策等，提高激励的实效性。

首先，促进薪酬制度的规范化和科学化。在农村公共文化服务供给中，要加强基层公共文化服务工作人员的薪酬保障，在计算薪酬时尤其要考虑到农村地区、贫困地区、环境恶劣地区工作人员的实际工作环境和工作量。所以，政府有关部门应保障农村公共文化服务工作队伍薪酬制度的科学化和规范化，明确其发放程序、发放标准、具体内容。在具体实施的过程中可以根据相关规定，制订薪酬发放的细则，与实际的公共文化服务供给绩效挂钩，以达到激励的目的。

其次，实施合理化的薪酬结构。农村公共文化服务工作人员的薪酬主要由工资、福利和保险构成，只有科学设计这几部分在其薪酬体系中所占的比例，才能最大限度地激发工作的积极性。薪酬发放既可以根据相关的规定固定额度，也可根据实际情况采取灵活的方式。薪酬结构除了基本的层级工资之外，还可以实施绩效工资，并对工作人员的加班、伤病等特殊情况给予津贴和补助。根据赫茨伯格的双因素理论，除了注重绩效工资等激励因素之外，还应注重保健因素，也就是除了实施保险、公积金、职业年金等基本福利制度以外，还要注重贷款和住房优惠、个人职业生涯发展等在工作人员激励机制中的运用，以达到最优激励效果。农村公共文化服务供给是针对广大农村居民的，其工作人员是具体实施中的关键，所以对于他们，在实施基本工资的基础上，可以根据实际情况和工作绩效实施绩效工资。

最后，对薪酬实施分类管理。根据职责、岗位、业绩、任职年限、工作创新性等，实施农村公共文化服务工作人员薪酬的分类管理，通过“打破笼统”的薪酬方式，将薪酬管理细化，有利于提高管理效率，更有利于薪酬制度的科学化。通过分类管理，可以解决农村公共文化服务工作人员因注重追求职位的晋升，而忽略公共文化供给中农村居民实际需求的弊端，在薪酬合理的前提下，激励农村公共文化工作人员安心办实事，提高整体办事效率。要实施薪酬的分类管理，就要对公共文化管理部门从上至下的每一个具体的岗位和职责做明确规定，具体执行仍要以公共文化服务工作人员的实际工作绩效来确定薪酬。可以通过实地调研和走访、专家咨询的方式，对不同的农村公共文化工作岗位的职责进行确定与评估，再根据调研的结果，实施差别化的薪酬制度。而且，对于超出岗位职责以外所做出的贡献，公共文化管理部门应统筹加以考虑并在薪酬中有所体现。

2.创新激励方式

随着经济和社会的快速发展，基层公共文化服务工作人员的需求也呈现多样化的特点，传统的激励方式已经无法满足其多样化的需求。因此，应该创新激励模式，采取多种激励手段相结合的方式，在把握基层公共文化服务工作人员核心需求的前提下，采取有针对性的激励方式，可以达到事半功倍的效果。

首先，采取物质激励和精神激励相结合的方式。对于农村公共文化服务工作人员，如乡镇、村的工作人员，在职位晋升上的期望相较于物质上的期望要低一些，因此物质激励是基础，精神激励是保障，要针对不同级别的公共文化服务工作人员的激励需求，有差异地选择激励方式。既要避免物质激励泛滥的现象，也要避免只停留在精神激励层面的现象，既要满足其低层次的物质需求，也要满足其高层次的精神需求，才能最大限度地提高农村公共文化服务工作人员的工作效能。物质激励就是要根据其工作态度和绩效，给予一定的奖金、津贴、福利等，精神激励就是给予一定的荣誉、培训、职业发展规划、职务晋升和能力认可等，从而提高其工作积极性和创造性。灵活运用好两种激励方式，将两者有效结合，提高公共文化服务供给效率。

其次，采取正激励和负激励相结合的方式。在实施正面激励的同时，采取一定的负面激励方式，对于提高其整体素质有很大的作用。政府公共文化管理部门还应营造良好的组织文化，营造积极上进的氛围，鼓励公共文化服务工作人员进行自我激励，尤其是对于农村公共文化工作人员，良好的工作氛围有助于其保持端正的服务态度，并自觉提高自身的能力。根据人性需求的相关理论，在一定的时段之后，激励制度所起到的效果会呈逐渐减弱的趋势，农村公共文化服务工作人员的工作效能也呈现出下降的状态，此时负激励制度就能起到良好的作用，可以防止出现工作懈怠和不作为的现象，还能降低激励成本，产生警示的效果，让农村公共文化服务工作人员时刻保持良好的工作作风，尽职尽责地开展工作。

最后，将激励方式与提高基层公共文化服务工作人员的能力相结合。激励方式的创新不仅需要物质激励和精神激励相结合、正激励与负面激励相结合，还需要根据农村公共文化服务工作人员的岗位特点和工作内容提供相应的培训，提高其公共文化服务能力。乡镇、村级的公共文化工作者，大都缺乏与专业相关的培训，自身能力有所不足，即使政府相关部门有科学的激励机制，他们也可能因为能力有限而无法成为满足条件的激励对象。因此，激励方式要与提高农村公共文化服务工作人员的能力相结合，针对公共文化岗位的工作内容、岗位职责、所需的能力，设计科学的培训内容，加大培训力度，针对农村公共文化服务岗位的差异、职能的差异，实施专业化的分级培训，培养农村公共文化领域专业化的人才队伍，激励机制才能更好地发挥作用。

3.构建科学合理的绩效评估体系

没有科学的考核评估系统支持，薪酬激励就无法与工作绩效相结合，绩效工资就无法正常发挥作用，还会破坏薪酬体系内部的公平性原则和竞争性原则。进行绩效考核是实施激励的关键环节，所以激励机制实施的保障是构建针对农村公共文化服务工作人员的绩效考评体系，建立一套科学合理的绩效考核指标，实行较为灵活的绩效工资制，这有利于促进激励机制更公平、公正，提高激励效率，也可杜绝论资排辈的现象，营造勤政务实的良好作风。

首先，引入第三方绩效考核机构。农村公共文化服务人员的绩效考核引入独立的第三方绩效考核机构，这样不仅有利于避免政府内部考核的主观性和随意性，采取专业的考核办法，针对不同的职务、不同的层级、不同的岗位做到客观、公正、科学考核，而且还能进行长期的跟踪考察[①]，能够弥补内部考核的缺点，也缓解了政府公共文化管理部门的繁重工作。

①王帅.论我国基层公务员激励机制的建构：基于"职业倦怠"问题的调查机制[D].青岛：中国海洋大学，2013：63.

其次，促进考核方式多样化。农村公共文化服务工作人员最重要的任务是认真执行各项公共文化政策，并发挥主动性和积极性，切实履行公共文化服务供给的职责，保障农村居民的基本文化权益。在绩效考评过程中，群众的满意度也是绩效考评的重要内容之一，因此，除了专业的第三方绩效考评之外，要促进考核方式的多元化，就要将农村居民的意见纳入进来，提高农村居民的参与程度。根据各个乡镇、村级公共文化服务的供给现状，由农村居民对公共文化工作服务人员进行考核，将专家的考核与农村居民的评价相结合，这样更有利于反映农村公共文化服务工作人员真实的工作现状。专家考评可以衡量公共文化服务专业岗位人员的工作效果，而群众考核有利于对公共文化服务工作人员的日常工作起到监督作用，促使工作人员做好本职工作，密切联系群众，保持良好的工作态度和精神面貌。

最后，建立科学的考核指标。科学的考核指标是构建绩效考评体系的核心，针对不同层级、不同工作岗位的公共文化服务工作人员，其考核指标的内容和方式也不尽相同。农村公共文化服务工作的复杂性，决定了其考核指标要注重公共文化服务工作人员的实绩、能力、贡献以及对待农村居民的态度等，考核事项要尽可能细化，考察指标要尽可能量化，使考核指标科学化和系统化。不同地区农村公共文化发展存在差异，公共文化服务供给的内容也会有所不同，因此对不同地区公共文化服务工作人员的考核指标也要根据当地公共文化服务的实际情况来制订。对于层级较高的公共文化服务工作人员来说，要更注重考察其思想、信念、作风、态度等，定性考核标准较多；对于层级较低的公共文化服务工作人员，指标的制定要注重其工作实绩，将指标考核的内容细化到每一项具体的事务执行中。[1]建立科学考核指标，同时要使用先进的评估方法，如述职评估法、目标评估法等。[2]

第四节 重庆市农村公共文化服务供给竞争机制的内容

新公共管理理论主张在公共管理部门应用竞争机制，所以在农村公共文化服务供给中引入竞争机制有章可循，也是时代发展的必然要求。从竞争的角度来看，政府作为公共文化服务供给的主体，应当以所处环境的状况为依据，采用适合的公共文化服务供给的竞争机制，让更多的社会主体进入农村公共文化服务市场，提供高质量、创新性的公共文化服务，更好地满足农村居民的公共文化需求。在农村公共文化服务供给中，可以借鉴企业竞争机制中的一些方式和理念，采取竞争机制，为农村公共文化服务的发展提供新的管理思路，不断丰富农村公共文化服务供给的方式。

农村公共文化服务供给引入竞争机制，通过市场来合理配置文化资源，更新供给内容，扩大公共文化服务供给面，减少政府的财政压力，形成"百花齐放，百家争鸣"的局面，最终达到改善农村公共文化服务环境、满足农村居民多样化文化需求的目的。

农村公共文化服务供给中的竞争机制，应注重引入企事业单位、

①王帅.论我国基层公务员激励机制的建构：基于"职业倦怠"问题的调查机制[D].青岛：中国海洋大学，2013：59.

②李大林.西方发达国家公务员激励机制的特点及启示[J].理论探讨，2008(5)：41-44.

社会组织、高校、文化机构等多主体力量，引入民间资本、企业捐赠的资本力量，参与“软件”的服务供给，提高服务水平和层次。同时，还需要健全和完善农村公共文化服务供给的招投标机制，鼓励多种力量参与公共文化基础设施建设、器材装备生产和维护等“硬件”规划、研发和建设，为农村公共文化服务的顺利开展奠定良好基础。

一、重庆市农村公共文化服务供给竞争机制的现实特征

1.优胜劣汰性

优胜劣汰性是实施竞争机制的必然结果，竞争机制就是使越来越多的资源向实力强劲、有能力提供优质公共文化服务的主体集中，而那些无法满足农村居民需求的供给者最终会丧失竞争的机会，甚至被淘汰。竞争实质上也是防止资源的浪费，即让有限的资源发挥出最大的功能，提高农村公共文化服务供给的整体效益。农村公共文化管理部门引入竞争机制有两层含义：一是在多元化供给主体之间实施竞争机制，优胜劣汰，以提供低成本高质量的公共文化服务；二是在政府部门内部实施竞争机制，让政府相关工作人员通过竞争提高工作能力和工作效率，淘汰能力低、不作为的工作人员，为优化农村公共文化服务供给培养一支精干的人才队伍。

2.需求导向性

竞争机制的引入使多元供给主体加入农村公共文化服务供给中，政府公共文化管理部门拥有更多的选择性，可以根据竞争者之间提供的多样化、特色化公共文化服务，选择最优质的文化服务。因为政府合作的对象有限，各竞争主体为了得到与政府合作的机会，会努力将自己的公共文化服务内容与政府提出的要求相匹配，而政府所提出的公共文化服务要求是以农村公共文化服务需求为前提和基础的，这样就促使竞争者提供与农村公共文化服务需求相一致的服务和产品。若没有引入竞争机制，由政府或者单一的供给主体为农村提供公共文化服务，则无法满足其多样化的文化需求。因此，竞争机制的有效实施，实质上形成了一种由政府为主导、各竞争主体协同供给的格局。

3.治理创新性

当前基层政府部门虽然大力推动治理方式创新，但是仍在一定程度上存在效率不高、缺乏创新的问题，阻碍了政府部门公共文化供给能力的创新和提高。因此在农村公共文化服务供给中引入竞争机制，既是创新公共文化服务供给模式的要求，也是政府部门内部治理创新的发展要求。

竞争机制对于农村公共文化服务创新的推动作用体现在文化产业方面，农村公共文化服务供给越来越趋向由政府购买公共文化服务，其对象主要就是文化企业和演出机构。竞争机制的引入使得政府可以选择最优质、最合适的企业和机构为农村提供公共文化服务，调动各种形式和内容，开拓多样化供给渠道，PPP模式、BOT模式等在农村公共文化服务供给中的运用将逐渐成为常态，加之新媒体技术的发展，大数据和信息平台的建设和完善，必将为农村公共文化服务供给的治理创新提供巨大动力。

二、重庆市农村公共文化服务供给竞争机制的构建

1.营造开放有序的竞争环境

首先,消除政府公共文化管理部门引入竞争机制的阻碍性因素。在政府部门内部引入竞争机制,需要改变传统的管理理念,精简管理职能,同时进行广泛宣传和动员,让领导者和工作人员接受和运用好竞争机制。但是,固有观念和传统管理方式,短期内会阻碍竞争机制的建立。所以,要实行开放的、动态的竞争机制,就必须排除一切阻力,为公共文化管理部门竞争机制的建立营造开放的竞争环境,这也是行政管理体制改革、公共文化领域供给侧结构性改革的需要。农村公共文化管理部门引入竞争机制的阻力主要来自两个方面:①体制层面,公共文化管理部门要积极推进自上而下的体制改革,淘汰落后固化的管理观念和方式,要为农村公共文化服务供给营造开放有序的竞争环境;②农村公共文化服务工作者层面,一部分农村公共文化服务工作者会认为竞争机制的实施,影响了他们现有的工作状态,甚至可能失去工作岗位。但是,随着公共文化服务市场的快速发展,竞争机制在公共文化领域实施已成为必然趋势。竞争机制的实施,给政府公共文化管理部门以及公共文化服务工作人员将会带来有利的影响,会让原本固定、陈旧的工作模式焕发生机,所以农村公共文化服务工作者应努力通过各种方式提高自身公共文化服务能力,积极支持并推进竞争机制的实施。

其次,政府部门转变观念,由控制者向管理者和服务者转变。政

府公共文化管理部门应加强与市场主体和社会力量合作,制定税收优惠、金融支持、福利优惠等政策,吸引更多的企业、社会组织等参与农村公共文化服务供给。在农村公共文化服务供给的过程中,政府公共文化管理部门应充分简政放权,给予文化市场更充足的服务空间,这样才能最大限度激发公共文化市场的活力。因此,政府公共文化管理部门的工作人员要积极转变观念,强化竞争意识,进一步提高农村公共文化服务效率。

最后,调动多元供给力量的积极性。由于公共文化服务具有公益性,随着政府职能的转变,各类社会力量会逐渐增大农村公共文化服务供给的力度。但在大部分农村地区,仍然以政府供给为主,其他市场主体参与较少,其中很重要的原因是公共文化服务供给领域的竞争机制不足,导致市场和社会力量参与空间有限。因此,要充分发挥竞争机制的作用,让其他供给主体在参与农村公共文化服务供给的过程中,和政府一样具有知情权、参与权、需求表达权,享受同等的优惠政策,处于平等开放的市场环境中,参与农村公共文化服务供给,消除市场参与壁垒,提高多元供给主体的参与积极性。同时,激励各类主体根据农村居民需求广泛参与公共文化服务供给,发挥热心群众和志愿者的自觉性和志愿精神,注重文化类非营利组织、民间资本、民间文化力量的引入,创新供给方式、供给载体和供给内容,实现多元主体协同提高农村公共文化服务供给水平。在具体供给形式上,既包括公共文化活动,如送戏下乡、文艺演出、放电影等,也包括公共文化设施建设,如健身设施、农家书屋、文化广场等。此外,还应该加强特色公共文化资源库建设,满足农村群众对公共文化服务资源的需求。

2. 扩大市场参与比例

首先，促进供给主体多元化。引入竞争机制就是为了推动供给主体多元化，提高农村公共文化服务供给质量和效率。多元化的供给主体实际上在农村公共文化服务供给中形成了竞争机制，促进了公共文化服务供给优化。政府应出台优惠激励政策并大力宣传，让社会组织了解政府部门的公共文化服务内容和要求，促进信息的互通互达，吸引广大社会力量参与。因此，一方面社会力量要提高自身公共文化供给能力，另一方面政府要在财政和政策方面给予各类供给主体以优惠扶持，充分调动其参与的积极性。值得注意的是，政府在整个过程中要发挥好指导作用，加强对其供给过程的监督，引导多元市场主体之间良性竞争。

其次，增加政府购买数量。农村公共文化服务供给工作应因充分利用本地特色、优秀的文化资源，这既符合当地群众的文化需求，又可激励和推动本土文化团体的发展。例如，重庆市万州区长坪乡文化站购买本土文化团队的表演，长坪乡有5支业余文化团队，政府对其进行管理，并加强对这些自办组织的管理培训、考核，通过考核后向优秀团队购买文化服务，送文化下乡，如此既培养和激励了本土文化组织的发展，又有利于发扬本地传统文化，满足群众实际的文化需求。而且，政府公共文化管理部门在选拔优秀文化团体的过程中，形成了一种竞争机制，文化团体会努力提高自身公共文化服务供给的能力和水平，丰富供给内容。因此，要构建农村公共文化服务竞争机制，政府可适当增加购买数量，充分调动社会团体的积极性。

最后，适当运用招投标制。农村公共文化服务供给，可以采用政府招标的方式，将农村公共文化服务供给方面的要求，由政府公共文化管理部门发布出去。符合条件的企业、社会组织或文艺团体通过投标的方式,积极参与并提高其公共文化服务和产品的质量,以获得政府的招标项目。通过这种方式,竞争者就会尽可能生产满足政府招标要求的公共文化产品,提供更好的公共文化服务,提高供给效率,积极创新公共文化服务供给内容和形式。采用招投标制的前提条件是要遵循公平、公正、公开的原则,政府要制订合理的招标计划和实施细则,提出明确的标准和要求,选出最合适的社会团体或者企业向农村供给公共文化服务。但是,公共文化服务与普通产品不同,它具有持久性,影响广泛,投标者不仅要在供给环节符合政府部门的要求,还要在后期公共文化服务和管理中发力,这是一个长期的过程,所以政府公共文化管理部门不仅要招好标,还要监管好中标者持续性、高质量和有保障的供给。

3.加强对竞争机制的监管

竞争有良性和恶性之分。良性竞争有助于形成良好的供给市场,提高各个主体的生产积极性与供给产品的质量,为优化农村公共文化服务供给市场出力;恶性竞争会带来市场的混乱,造成资源的浪费,降低公共文化服务的满意度。因此,在引入竞争机制的同时,应加强对文化供给市场的监管,确保竞争有效进行,避免陷入恶性竞争的不良局面。

首先,坚持适度原则。在实施竞争机制时须坚持适度原则,一方面,因为不加约束的竞争会形成适得其反的效果,而竞争不足则不能获得最大的竞争收益。政府公共文化管理部门在实施竞争机制时,要对竞争主体进行考察,将竞争规模控制在合理范围内,让市场主体在开展供给服务之前,经过政府相关部门登记确认,以便于掌握供给主体的总量。从宏观上对供给主体进行监管，便于在竞争主体较少时，出台优惠激励政策吸引更多的竞争主体参与，当竞争主体过多影响供给秩序时，政府便可以严格公共文化服务供给的准入门槛。另一方面，不能把所有农村公共文化服务供给的内容交给市场，因为公共文化服务具有公益性，而市场更注重利益回报。例如，涉及农村公共文化服务供给中比较机密的内容，就不能交由市场去执行，所以政府在运用竞争机制时要坚持适度的原则，推进竞争机制的完善。

其次，加强监管规范性。随着公共文化服务供给力量逐渐增多，除了政府直接供给农村公共文化服务之外，也有其他组织和机构的参与。政府采用购买公共文化服务、付费制等激励措施，激发了公共文化服务供给的活力，整合了相关的公共文化服务资源，同时也降低了供给成本。但是，不规范的竞争可能使得各主体的供给行为发生冲突或偏离方向，从而抑制竞争功能的发挥，所以应加强对竞争的监管。政府公共文化管理部门作为监管者、引导者和协调者，要对进入农村公共文化供给领域的各个主体制订相关政策和标准，明确规定企业、社会组织等在农村公共文化供给中需遵守的规章制度和行为规范，引导多元主体竞争的同时加强相互合作，发挥各自优势开展联合服务，从而使其提供的公共文化服务满足农村不同群体的需求。如此才能真正推动农村公共文化服务供给的完善与发展，使农村公共文化更好地服务于农村群众。

最后，重视对知识产权的保护。推动公共文化领域知识产权保护，是优化农村公共文化竞争市场的重要内容。知识产权的保护是竞争主体之间共享资源与专业能力、协同提高供给活力的保障。当前农村公共文化市场无论是竞争主体的核心能力、设备专利，还是地方民俗文化、文化遗产，都在一定程度上存在知识产权得不到有效保护的现象，长此以往会导致文化市场竞争活力缺失，竞争主体丧失创新动力。因此，政府公共文化管理部门应出台相应的法律法规，重视对知识产权的保护，鼓励公共文化创新，保护创作者的文化成果，达到竞争主体相互促进、相互提高的效果。

第五节 重庆市农村公共文化服务供给可持续保障机制的内容

农村公共文化服务供给的可持续保障机制，是指依赖现有的公共文化资源，通过对人、财、物、信息、技术等要素的合理运用，以实现农村公共文化服务的长期持久供给，保障广大农村群众享受平等且不断发展的公共文化权益。此保障机制另一层含义是要将农村公共文化服务供给由注重“量”向注重“质”转变，而不是一味地追求数量的增长，在建设现代公共文化服务体系的目标指引下，既保“量”又保“质”。

公共文化服务体系的建设是一个长期的过程，在内容的规划、实施、评估、反馈等每一个环节都需要人力、物力、财力和信息技术的保障。所以，要优化农村公共文化服务供给，为农村公共文化服务供给“补短板”，就需要建立可持续保障机制。从农村公共文化服务供给过程来看，强调供给的连续性或持续性，不能仅是一次性供给或临时性供给，也不能是阶段性或不定期供给。也就是说，供给主体要持续不断地提供符合广大农村群众需要的公共文化服务。从供给内容来看，要做到传承与创新相结合，结合农村乡土文化，传承其优秀文化传统，保护非物质文化遗产，在传承的基础上创新公共文化服务形式和内容，更好地保障农村居民的公共文化权益。要做到这一点，就要做到公共文化服务供给过程中资金、人才、资源和信息等要素的可持续保障。

农村公共文化服务供给中的可持续保障机制，主要包括进行发展规划、强化管理职能、加强财政投入、注重基层文化队伍建设等方面。第一，公共文化管理部门应针对农村公共文化服务，进行长中短期的发展规划，短期规划覆盖1—2年，中期规划为5年，长期规划为10年。规划中要对农村公共文化服务的总体目标、阶段性目标、具体目标及其任务、措施、考核评估等做出统一规划和安排，保障其可持续、规范化发展。第二，优化公共文化管理部门的农村公共文化服务职能，强化考核和任务落实，加强同区县、乡镇、村等基层管理部门的协调，统一力量，形成合力，推进农村公共文化服务规划和政策落实。第三，加强财政投入，严格经费预算，落实农村公共文化服务年度专项经费，并及时对经费投入的使用效益进行检查评估，检验其服务绩效。第四，注重农村公共文化服务队伍建设，一是增进同高等学校、文艺机构、文化管理类专业学校和职业学校的合作，创造良好条件，创新人才引进机制，定向培养或吸引专业人才到农村开展公共文化服务工作；二是稳定现有农村公共文化服务队伍，给予他们更多的学习培训、交流考察、挂职锻炼机会，并在职称政策、资格认证上给予政策倾斜，激发农村公共文化工作者和管理队伍以高度的奉献精神和创造精神，致力于农村公共文化服务事业。

一、重庆市农村公共文化服务供给可持续保障机制现实特征

1.体现供给的连续性

可持续保障机制强调农村公共文化服务的供给，要按照一定的标准和要求，既不是短暂性的供给，也不是断断续续地供给，而是长期持续性地为农村提供公共文化服务。虽然在农村公共文化服务供给优化过程中，激励机制、竞争机制、需求导向机制等发挥了非常重要的作用，但如果这些机制得不到可持续的贯彻实施，处于经常变动的状态中，不仅政策的有效性不能得到充分发挥，而且不能保证农村居民的公共文化服务权益得到长期可持续的保障。所以，可持续保障机制的实施，是所有其他公共文化服务供给机制实施的前提和保障，体现了公共文化服务供给的连续性。

2.强调投入资源的全面性

农村公共文化可持续保障机制是人力、财力、物力、信息技术多方面综合运用的结果，缺少其中任何一环的支撑，都无法达到公共文化服务资源供给的全面性和可持续性。如果说竞争机制强调的是公共文化服务投入的效率，那么可持续保障机制则强调公共文化服务资源投入的全面性。一方面，公共文化服务资源的投入要素要全面，即资金、人才、信息等任意一个环节都不能少；另一方面，投入领域要全面，即公共文化服务设施、活动等硬件、软件要兼顾。按照建设现代公共

文化服务体系的要求，要促进农村公共文化服务的均等化发展，首先在资源供给方面应做到平等，并有差异性地实施资源供给，在老、少、边、穷的农村地区更应注重资源供给的全面性，这是提高农村公共文化服务整体水平的基础和前提。

3.强调供给结构的合理性

在调研过程中发现，有部分农村地区公共文化服务供给只是为了完成政策指标，并没有结合当地的实际需要因地制宜地提供公共文化服务，造成不少资源浪费，很多设施被废弃或闲置。因此，在实际供给过程中，规划和实施不同农村地区的公共文化服务供给缺乏长远的发展观。而且，有些农村地区的供给内容和方式千篇一律，没有结合当地文化发展具体和特殊情况，结构不合理。可持续保障机制的根本目的是要保障农村公共文化服务连续有效供给，这就决定了公共文化服务的结构必须要科学合理。考虑到不同农村群体的特点，供给内容在层次上要有合理划分。在供给侧结构性改革视域下，优化农村公共文化服务供给是在可持续的基础上，推动供给侧结构的合理优化，其前提是了解农村公共文化需求，“以需定供”。在可持续性的公共文化服务供给过程中，又进一步对原有的供给内容和结构进行优化，所以农村公共文化服务供给的可持续性强调供给结构的合理性。

二、重庆市农村公共文化服务供给可持续保障机制的构建

农村公共文化服务可持续保障机制,应从公共文化服务供给的保障因素考虑。对于当前农村地区来说,财政投入、人才保障、政策宣传和文化需求表达是影响公共文化服务供给最重要的因素。本部分主要从财政、人才、信息三个方面进行探讨。

1.加强财政保障

财政投入是构建农村公共文化服务体系的基础。农村公共文化服务的公益性要求政府在财政方面加以支持和保障,因此应巩固和加强农村公共文化服务的财政保障机制,从财政资金来源、财政资金投入数量、资金投入结构等多个方面加强财政保障。

首先,加大财政投入力度。农村公共文化服务财政保障的第一步是保证农村公共文化基础设施建设具有充足的财政资金,政府公共文化管理部门对农村公共文化发展要有长远的规划,建立农村财政投入的长效稳定机制,确保基本公共文化服务在整个农村地区实现全覆盖。为优化农村公共文化服务供给提供充足的财政支持,就需要制订相应的措施,激励和引导社会力量参与,缓解政府财政压力。

其次,优化财政投入结构。当前重庆市农村公共文化服务的发展呈现出不均衡的态势,这种不均衡性体现在服务地域和服务群体上。从地域来看,一些偏远的农村地区,相较于主城附近的农村来说,公共文化服务供给较为落后;从服务群体来看,对老、残、幼等特殊群体的

公共文化服务财政投入欠缺。因此,要促进重庆市农村公共文化服务可持续发展,需要优化财政投入结构,将有限的资金用在重点公共文化服务项目上。比如,促进基本公共文化服务设施的普及、公共文化服务基层文化人才队伍的培养等。在保障公平的前提下,加大对特殊群体以及贫困偏远地区的财政投入力度,努力促进城乡公共文化服务均衡化发展。

最后,创新财政投入方式。在依靠政府的财政力量来扶持广大的农村公共文化服务供给之外,政府公共文化管理部门可以积极搭建平台,出台优惠政策,吸引企业、社会组织等为农村公共文化服务建设投资。例如,可以采用PPP模式吸引其他形式资金的投入,积极用社会资金购买公共文化服务,向农村地区进行供给,调动基层政府发展农村公共文化的积极性。但需要注意的是,对财政资金的来源以及财政资金的使用过程要加强监督,使得资金的整个使用过程公开透明,并加强第三方评价,以提高财政资金的使用效率,完善公共文化财政保障机制。

2.加强人才保障

21世纪,人才是最重要的资源,拥有一批数量与质量并存的公共文化服务人才是优化农村公共文化服务供给的关键,因此应在公共文化服务人才的规划和培养方面投入更多的精力。

首先,转变观念,树立科学的公共文化服务人才观。应充分重视农村公共文化服务人才队伍建设的基础性作用,尤其是服务于乡镇、村的基层公共文化服务工作人员。政府公共文化管理部门应将农村的公共文化服务人才队伍建设、引进和培养工作,放在工作中的重要地位,在职位晋升、职称评定、薪酬制度、待遇保障等方面给予更多的政策优惠，让优秀的文化人才引得进来，让本地人才得到进步和发展。对于现有服务于农村的公共文化服务工作者来说，要提供机会，积极推荐他们参加培训和进修，把握挂职锻炼和对外交流的机会，努力提高自身公共文化服务能力。此外，对于农村公共文化服务人才队伍也要加强考核，将定期考核和不定期考核相结合，避免其精神懈怠或无所作为。

其次，从重视人才数量向重视人才质量转变。重庆市各个农村地区的公共文化服务发展具有一定的差异性，所以对人才能力的要求较高。要精确识别需求并精确供给，不仅需要高层次理论型公共文化服务人才，也需要实践型人才，因此在农村公共文化服务人才的选拔和使用上，应由过去的“重数量”向“重质量”转变，积极为应届大学生以及农村公共文化服务工作者提供实践和学习交流的机会。可以采用顶岗实习、交叉挂职等方式，让农村公共文化服务工作者进入高校进修、培训或到其他单位挂职锻炼；让高校学生进入农村和基层实习实践，培养一体化、复合型人才，这样既能提高农村公共文化服务工作者的知识水平，也能提高大学生的实践能力。同时，还应该创新人才选拔的方式和机制，不以学历为唯一衡量标准，注重实践能力、业绩和责任心的衡量和评估。此外，要加强农村公共文化服务人才的流动，建立城乡公共文化服务人才“结对子”机制，采取专兼职结合方式，壮大农村公共文化服务人才队伍。

最后，制订农村公共文化服务人才的发展长期规划。为农村提供高质量的公共文化服务人才队伍，只强调引进人才还不够，还应借鉴企业人力资源管理的方法和经验，制订农村公共文化服务人才发展规划，加强条件保障，从人才的开发、获取、培养、使用等方面进行综合性思考。在农村公共文化服务人才长远规划中，优化农村公共文化服务供给的工作环境是基础，包括提供有竞争力的薪酬、职位晋升等各项待遇，确保“人才引得进来”，同时加强对公共文化服务人才后期的日常管理与培养，确保“人才留得住”，由此培养一支专业较为齐全、结构合理的专业人才队伍，为农村公共文化服务供给提供中坚力量。

3.加强信息保障

信息保障有两个层面的含义，一是公共文化相关政策自上而下地传递，二是农村居民公共文化需求信息的自下而上地传递，总的来说就是信息的上传下达。因此，加强信息保障对于重庆市农村公共文化服务的精确供给具有非常重要的作用。加强信息保障应做到以下几点：

首先，加强公共文化信息收集和反馈平台建设。部分农村的公共文化需求反馈缺乏平台，农村居民有公共文化需求，但反馈的渠道不足，因此须专门建立覆盖各个村的以村委会为依托的信息收集和反馈平台。该平台将政府部门、农村群众、有公共文化服务意愿的企业、文化机构和社会组织联结起来，并建立长期有效的合作，将各个供给主体的资源和信息进行有效整合，将农村居民的文化诉求与各主体的意愿相结合，最后由信息平台对公共文化服务信息进行统一公布，并接受、整理好相应的反馈信息。

其次，在农村设立文化信息员。在公共文化信息和反馈平台建设的基础上，借鉴城市社区的网格化治理经验，在农村建立信息调查和反馈网络，再划分网格，选取当地热心负责、关心公共文化的人担任信息收集员。对这些信息收集员进行一定的培训后，让他们负责及时、快速收集农村居民的公共文化需求以及意见和建议，整理、汇总、筛选和分析后逐级向上传达。通过这些方式,可以确保农村居民的公共文化需求真正传达到政府有关部门,为政府构建"以需定供"的公共文化服务体系提供信息基础。

最后,依托新媒体构建公共文化服务政策信息披露制度。除了文化需求信息自下而上传递,公共文化服务的政策、规划,以及公共文化服务供给的具体信息,在依托传统的宣传栏、广播、电视进行公示之外,还可借助微信公众号、微博客户端、政务网等新媒体加强宣传推广。这样,农村居民可以第一时间了解到政策信息,保障其知情权和参与权,更进一步保障其公共文化权益。但是,互联网和新媒体在农村发展的步伐在加快,农村居民获取公共文化服务信息的途径也逐渐增多,为了确保农村居民获取公共文化信息的准确性、真实性和全面性,当地政府可建立官方微信、微博或官方新媒体平台,用以公示和宣传公共文化服务供给信息,加强群众对供给内容和进程的监督,有利于减少公共文化服务政策在实施中的阻碍,降低公共文化服务政策的落实成本。

总的来说,优化重庆市农村公共文化服务供给策略,不仅要构建"1+4"供给侧结构优化机制,运用好、发挥好需求导向机制、激励机制、竞争机制和可持续保障机制的作用,更要推进内部4种机制之间各要素相互配合、共同促进。在不同的时期和不同的地区,农村公共文化服务发展,可以根据实际需要和阶段工作重点,对以上4种优化机制进行组合运用,发挥优化机制的最大功效,从而共同助力于农村公共文化服务供给。

第十章
重庆市农村公共文化服务供给的案例研究:以北碚区为例

第一节　北碚区农村公共文化服务供给现状

一、农村公共文化服务蓬勃开展

重庆市北碚区,拥有丰富的文化资源、科教资源和厚重的文化底蕴,是全国第二批国家公共文化服务体系示范区。北碚区偏岩古镇获得“中国历史文化名镇”称号,金刚碑是重庆市首批传统历史文化街区。北碚区高度重视农村公共文化的发展，并出台了各项细则加快农村公共文化的建设，政府相关职能部门也积极履行文化管理的职能，加快公共文化建设。政府先后出台《北碚区关于加快构建现代公共文化服务体系的实施意见》《北碚区基本公共文化服务具体实施标准》《北碚区公共文化设施布局规划（2015—2020）》《政府向社会力量购买公共文化演出服务实施方案》《北碚区公共文化服务体系建设协调机制工作方案》等系列相关文件和规划，构建“一刻钟文化服务圈”，全区17个镇（街道）综合文化站全部达到国家级标准，建成177个村（社区）文化室，建成10个各具特色的文化大院，在农村建设300个文化中心户，公共文化服务设施实现了城乡全覆盖。①根据《2017年重庆市北碚区国民经济和社会发展统计公报》数据，全区共有艺术表演团体9个，博物馆8个，文化馆（站）18个，电影放映单位7家，公共图书馆1个。广播、电视综合人口覆盖率均达100%。②北碚区对于农村公共文化设施和文化平台的投入与打造，有力地推进了公共文化服务工作，产生了良好的示范性作用。

在农村公共文化服务供给中，北碚区实现了博物馆、美术馆和乡镇文化站等文化场馆免费开放，并利用文化站开展多功能性的公共文化活动。鼓励农村结合自身文化特色，开展贴近农村居民生活的文化娱乐活动和体育活动，为提高农村居民科学文化素质提供了良好的平台。政府公共文化管理部门非常重视农村科技和文化服务工作的开展，与区农委等相关职能部门，与西南大学等高等院校紧密合作，开展

---

①重庆市北碚区人民政府.北碚区人民政府关于提请审议北碚区公共文化服务均等化工作情况报告的议案[Z].2016-07-25.

②重庆市北碚区统计局.2017年重庆市北碚区国民经济和社会发展统计公报[Z].2018-03-26.

形式多样的农业科技普及活动、文化下乡、公共文化政策宣讲、农村调研等公共文化供给活动。同时依托乡镇、村各级农村信息服务站、对口支援基地等平台，开展公共文化服务和农业技术领域的培训、交流、咨询和共建活动，培养农业技术人才，有效地促进了农村的发展，提高了农村居民的科学文化素养。

二、农村公共文化平台供给服务持续推进

一是推进农家书屋建设。农家书屋是为满足农村居民文化需要，在行政村建立的公益性文化服务设施，由农村居民自己管理，能提供农村居民实用的书报刊和音像电子产品；农家书屋工程建设坚持政府扶持、社会捐助、统一规划、分头实施的方针，多渠道吸收资金，整合各种资源，到2015年基本覆盖全国的行政村。①

自农家书屋项目启动以来，北碚区积极推进建设工作，为广大农村群众提供了一个在劳动之余开展学习、阅读、讨论的场所，能让农村居民真正享受公共文化的基本权益。全区街道文化活动中心、乡镇文化站都下设有农家书屋，覆盖各个行政村，并且不断丰富更新文化书籍，创新公共文化服务活动，以集体与个人相结合的方式，有效开展了公共文化活动。依托各农家书屋和文化大院，北碚区相继开展了文化讲座、集体阅读、知识竞赛、征文比赛、读书会、少儿讲故事、儿童绘画

①新闻出版总署，中央文明办，国家发展和改革委员会，科技部，民政部，财政部，农业部，国家人口和计划生育委员会.关于印发《“农家书屋”工程实施意见》的通知[Z].2007-03-06.

比赛等丰富多彩的活动。例如，在歇马镇建设综合文化站，在复兴镇大树小学、梨园小学建书屋，在金刀峡镇、蔡家岗镇开办暑期文艺培训班，举办环卫工、农民工、农民工子女电影专场。[①]这些文化活动，提高了农村居民的素质，营造了良好的农村公共文化氛围。

二是创新公共文化服务平台建设。北碚区先后建成公共数字文化服务综合平台“碚壳”、数字文化馆，在歇马镇综合文化站完成全国首个数字文化站试点建设，同时实施中国文化网络电视试点建设，在重庆率先推行公共文化物联网试点建设，提供菜单式服务，创新数字体验方式，共享数字文化资源，打通“服务一公里”。[②]创新性的服务方式和举措，极大地满足了农村居民的公共文化服务诉求。

三、农村公共文化教育服务效果显著

北碚区委、区政府十分重视全区农村公共教育服务，投入专项资金扶持农村公共教育事业，着力提高义务教育的质量，大力改善农村学生文化素质，努力改善乡村教师的工作条件，促进了城乡义务教育均衡发展。与此同时，北碚区还与西南大学联手合作，提高高校为北碚农村地区输送人才和服务的能力。

①重庆市北碚区人民政府.北碚区人民政府关于提请审议北碚区公共文化服务均等化工作情况报告的议案[Z].2016-07-25.

②重庆市北碚区人民政府.北碚区人民政府关于提请审议北碚区公共文化服务均等化工作情况报告的议案[Z].2016-07-25.

根据《2017年重庆市北碚区国民经济和社会发展统计公报》数据，全区有3所普通高校、7所中等职业学校、18所普通中学、47所小学。因此，北碚区具有良好的公共文化储备，拥有区职业教育中心、区特殊教育学校等职业教育和特殊教育资源。立足于北碚区职业教育的实际情况，建立职业教育培训网络，开展农业职业教育、特殊教育等文化素质教育活动，并通过远程教育的方式，综合运用多媒体教学加强农村居民技能培训，有效地培养了农村实用性人才。

第二节　北碚区农村公共文化服务存在的问题

一、农村公共文化服务理念相对滞后

农村公共文化服务是我国公共文化服务的重要组成部分，也是实现乡村振兴战略、助力脱贫攻坚的关键支撑。失去了良好的公共文化服务，乡村振兴就缺乏基本的文化环境和治理载体。因此，政府公共文化管理部门应该建立科学的发展理念，将农村公共文化服务作为工作重心。基层的乡镇政府，起着承上启下的重要作用，是国家了解基层群众生产、生活的窗口，也是公共文化服务政策落实到最后“一公里”的终点站。北碚区的乡镇与乡镇之间、村与村之间在农村公共文

化服务供给的效果和质量上有较大的差距，其中一个重要原因是部分乡镇、村重经济建设轻公共文化建设，开展的文化活动有限，而且方式比较传统，缺乏开创性，效果欠佳。这一方面是因为对基层政府的绩效考核在很大程度上是与经济指标挂钩的，要取得好的成绩就要大力发展经济，在乡镇等关于农村发展的重要议程中，缺少农村公共文化建设的思考和规划。另一个方面在于少数基层领导的思想观念落后，认为在农村的发展建设过程中，经济发展、社会治安、开发建设这些硬指标更加重要。而农村公共文化服务供给作为软指标，效果难以量化，因此很难引起基层领导的重视。

二、农村公共文化服务缺乏资金保障

近些年来，国家高度重视农村公共文化建设，多次下发惠农文件，有效地提高了农村居民的文化素质，大幅度提高了公共文化需求，让广大农村居民更加积极主动地了解政府公共文化服务供给的情况。然而，基层政府比较薄弱的财政，是农村公共文化服务供给的重要制约因素。北碚区大部分行政村的公共文化建设，还是主要依靠上一级政府的财政支持。然而，上级政府的财政支持还要用于诸如农业生产、经济建设、基础设施投资等农村建设的方方面面，其中能够用于农村公共文化服务供给的资金缺口较大。因此，单纯依赖上一级的财政支持来开展农村公共文化建设不具有开创性和可持续性。一方面，主要依靠上级政府财政支持开展公共文化建设，会导致农村公共文化服务供给结构单一，在内容上也不能及时满足广大农村群众的需要；另一方面，政府专项财政支持有限，只能保证开展一些较为常规、简单的农村公共文化服务活动，而对于文化设施后期的维护、运营、修缮、管理，以及长期、有序、高质量的公共文化服务活动的展开，则缺乏持续、充足的资金保障。

缺少社会力量的参与和资金的支持，外部供给在西部农村公共文化产品供给中所占的比重还比较小，主要局限在教育、图书等领域，内部自给缺少政府资助，运作困难。[①]因为公共文化服务供给盈利空间非常小，很少有私人企业来参与。除了有大学生志愿者开展文化下乡活动外，社会组织、私人企业提供农村公共文化服务的情况目前比较少。所以，在农村公共文化服务供给上，应该考虑供给主体多元、供给方式多样的方法。

此外，基层公共文化管理部门缺乏对公益组织和基金会的引领，缺乏交流与互动，尚未完全建立长期的对话、交流、合作与共享机制，未能很好地将农村的发展情况以及农村居民的意愿和需求向外界传递，不利于获得社会其他力量支持。同时，社会组织的力量分散，对农村地区关注较少，对农村公共文化建设的作用也比较有限。

---

①李少惠，穆朝晖.非政府组织参与西部农村公共文化产品供给的路径分析[J].四川师范大学学报(社会科学版)，2010，37(5)：17-22.

三、农村公共文化服务供给能力不足

北碚区部分乡镇、村（街道）的公共文化服务供给，主要依靠上级政府的财政支持。例如澄江镇其自身运行的费用就已经占财政支出的一半，外加其他支出，能够专项用于农村公共文化服务供给方面的费用就少之又少。因此，农村公共文化服务供给仍然较为依赖政府，受公共财力的约束，导致供给缺乏活力。部分乡镇、村（街道）未能很好地整合社会和市场力量，更多是靠自身进行决策和资金投入，导致供给决策与现实需求脱节，开展公共文化服务供给后继乏力，所提供的公共文化服务数量有限。部分乡镇、村（街道）缺乏农村公共文化服务供给的经验和动力，深入农村居民生产、生活中了解公共文化服务需求不够及时甚至了解甚少，学习、思考和相关培训也缺乏有效的制度约束和条件保障，这些都阻碍了农村公共文化服务供给的有效开展。同时，未能形成农村公共文化的持续供给机制，多是开展一些零散、临时的公共文化服务活动，群众参与积极性不高，因此难以形成良好的公共文化氛围，也难以满足基层人民群众对公共文化服务多样性、高质量的需求，同时也不利于农村公共文化服务的开拓创新、优化升级。

综上所述，北碚区公共文化管理部门可以根据以上在农村公共文化服务供给中存在的问题，将农村公共文化工作绩效考核纳入政府工作，加大资金投入，引导社会力量参与，进行联合建设，创新和丰富供给方式，加快农村公共文化服务体系建设。

第十一章 重庆市农村公共文化服务供给优化的政策建议

在系统分析了重庆市农村公共文化服务供给现状后,发现的其存在的问题及制约因素,为农村公共文化服务供给优化奠定了良好的基础。本章旨在提出重庆市农村公共文化服务供给的政策建议,以供政府公共文化管理部门参考和借鉴。

第一节 提高文化管理部门认识

如果农村公共文化发展滞后,就会制约我国文化强国目标的实现。因此,加快推进农村公共文化服务发展,切实提高农村公共文化服务的供给水平和能力,对于实现文化强国的目标有着重要的实践意义。近些年来,各地政府都在不断加快推进农村公共文化服务建设工作，保障农村群众日益增长的精神文化需求。但是，在实际农村公共文化服务供给中，存在供需脱节、对接不畅等问题，影响了群众的参与性、积极性和满意度。因此，要充分认识和了解到发展农村公共文化的重要性，政府公共文化管理部门领导者应更新服务理念，切实把发展农村公共文化、加快完善农村公共文化服务供给放在重要位置，加强顶层设计、规划制订和政策宣传，让公共文化服务政策在农村得到落实。

同时，应形成以政府为主导，社会、市场、文艺团体等多元力量联合的农村公共文化服务供给模式。在这一模式中，政府的主导作用，是农村公共文化服务有效供给的关键所在。政府公共文化管理部门要转换职能和角色，提高服务意识，提供基础的文化设施、文化场馆等有形的公共文化服务和技能培训、政策咨询、技术支持、文艺活动等无形的公共文化服务，保障和满足农村居民的基本公共文化权益。

第二节　培育农村居民主人翁意识

农村居民既是公共文化服务接受者，也是农村公共文化建设的主体力量。但是，农村居民的参与度和主体意识不足，就会影响农村公共文化服务供给的质量和效果。培养和提高农村居民的公共文化服务主人翁意识，成为影响农村公共文化服务供给效率的关键。为此，公共文化管理部门应大力加强对当地公共文化政策和活动的宣传和普及，出台激励措施，培养农村居民的公共文化服务参与意识和主体意识，引导和组织农村居民积极主动地为农村公共文化服务做贡献。

一方面，拓展农村居民在公共文化服务活动中的参与空间。改变农村居民在公共文化服务中被动接受的局面，需要赋予其更多的权利和责任，拓展参与范围，加强参与程度。在开展农村公共文化服务的发展规划、政策制订、项目类型、供给方式等重要决策中，在农村公共文化服务活动开展的全过程中，应该充分保障农村居民的公共文化权益，邀请农村居民深入参与并充分尊重其意见和建议，让其参与评价和监督，让他们意识到自己的主人翁地位和责任，从而激发其内在动力，发挥其主体作用，增强农村公共文化服务活动的针对性和可操作性，同时能也提高农村居民的归属感和获得感。

另一方面，鼓励农村居民自觉组织和开展公共文化活动。我国农村地区文化底蕴深厚，乡风民俗也各具特色。广大农村群众中具有很多有智慧、有才华、有能力的公共文化服务人才，能够自主开展农村居民喜爱、接地气的公共文化服务活动。因此，政府公共文化管理部门应给农村开展公共文化服务活动以充分保障，挖掘和培养文化骨干，大力支持农村居民自主组织活动、参与公共文化活动，给予他们一定的资金和技术支持，让农村居民加入提供公共文化服务行动中来，提高其积极性、创造性和荣誉感。同时，还可以建立公共文化服务网格和信息平台，培育农村公共文化服务网格员、信息员，发挥其组织协调和信息沟通作用，为农村自主开展公共文化服务活动提供基本保障。

第三节　加大多渠道资金保障力度

创建现代公共文化服务体系，基层和农村是弱项，同时也是最具挑战的环节。因此，应加强农村公共文化服务供给力度，健全公共文化设施，提供良好的公共文化场所，使农村公共文化服务活动得到有序开展。

农村公共文化服务的资金供给可以从以下两方面努力：

一是加大政府公共财政投入力度。公共财政投入依然是农村公共文化服务的坚实保障，地方政府要建立农村公共文化事业稳定的投入机制，同时出台优惠性政策开拓新的投融资渠道，采取市场化运作，建立健全农村地区专业的合作社经济模式、合作基金会等为其提供发展资金。地方政府可以对提供农村公共文化服务企业的所得税、上缴利润进行部分减免，激励企业加大对农村公共文化服务的投入。同时，政策性金融机构要更好地融入农村公共文化服务过程，在商业金融参与不足的情况下，保障农村公共文化服务资金的顺利供应。

二是鼓励市场资金参与公共文化投资。农村公共文化服务属于非营利性质的公共服务，运营成本较小，适合风险承受能力有限的市场主体进行资金投入。因此，市场上有大量的资金可以进入农村公共文化服务供给环节进行投资，而农村本身就有着广阔的市场，虽然现阶段农村公共文化服务的发展程度不高，但发展前景非常可观，足以吸引市场力量进入。积极鼓励文化产业参与农村公共文化服务供给，准许其在政府监管下对其产品进行推广和运营。同时，大力发挥志愿者团体、社会组织、民间协会等作用，准确梳理农村公共文化服务的需求，并且能创造性地、高效地提供满足农村居民需求的公共文化服务。

第四节 畅通农村居民需求表达渠道

首先,应注重农村居民公共文化服务需求表达机制的培育。农村居民作为公共文化服务需求表达机制的主体,其需求表达能力的强弱显得尤为重要,这就要求农村居民具备较高的文化素质。因此,一方面,应注重对农村居民科学文化知识的传播,提高其文化素质。农村地区由于经济发展水平低,教育设施和教学资源匮乏,农村居民无法得到较为系统的教育,直接影响了其需求表达能力。所以,应整合农村的教育资源,开展职业教育和素质教育类的文化活动,提高农村居民需求表达的意识和能力。另一方面,注重对农村居民开展法律政策方面的教育。通过普法教育,让他们学会运用法律保障自己表达需求的合法权益。此外,加强对政策的宣传教育力度,引导农村居民实时关注和掌握国家公共文化政策导向,将自身需求与文化政策结合起来,进一步提高其表达公共文化服务需求的意愿和能力。

其次,提高农村居民在供给决策中的地位。一方面,政府应该制订科学的决策程序,将农村居民的意见表达作为决策程序中的基本环节。另一方面,政府在对公共文化服务供给进行决策时,通过让农村居民充分表达自己多样化的需求,使公共文化管理部门获取最真实的需求信息,从而有利于政府提供农村居民需要的服务,增强其满意度。

再次,完善需求表达渠道。一方面,建立农村公共文化需求表达平台。应该鼓励建立一些如农业协会、文化互助小组、文化活动中心等农村组织,借助集体力量切实表达自身最迫切的需求。另一方面,完善农村信息化建设。在互联网高速发展的时代背景下,必须发挥互联网成本低、效率高、沟通及时的优势，加快农村公共文化服务智能化、数字化的供给。应该尽快实现互联网全覆盖，普及农村居民使用网络的知识和技巧，使其通过互联网、大数据和智能化手段表达自身需求，让政府公共文化管理部门及时获得需求信息，从而提供相应的公共文化服务。政府还应该建立自己的公共文化信息平台、政务平台或客户端，快速、及时地掌握、分析和梳理农村居民的需求，提供更加精准、高效的公共文化服务。

最后，建立供给反馈机制。政府公共文化管理部门需要在提供公共文化服务供给的全过程中，及时对农村居民的相关需求进行及时沟通和反馈，提高透明度，尽快给出需求处理结果。一方面，公共文化管理部门应进行实地调查，对公共文化服务提供的质量、数量以及农村居民的满意度开展调查，掌握这些基础数据并进行梳理整合，建立公共文化需求数据库，分析农村居民需求偏好，为供给决策提供真实的数据资料和充足的信息，进而提供相应的公共文化服务。

第五节　完善社会力量供给模式

一是激发社会组织活力。应从物质激励、精神激励、政策激励等多个方面着手，重视文化类社会组织的重要作用，激发他们参与农村公共文化事业建设的热情，同时对做得好的社会组织从正面加强社会宣传，扩大社会影响力，并通过税收减免、政策倾斜等方式，加大物质激励。

二是加大融资政策优惠。提高政府向社会组织购买公共文化服务的比例，引导本地金融机构加大对文化类社会组织的融资扶持，制定覆盖农村的公共文化类的融资政策，构建资助体系，可采取城乡社会组织互助方式和结对子方式，加强资源与信息的交流、互补和对接。

三是发展文化枢纽型社会组织。培育和建设本地区农村公共文化枢纽型社会组织，承接政府对公共文化类社会组织的培训功能，为社会组织提供必要的人员培训和资源配备，建立和扶持若干核心的文化类组织，带动整个农村公共文化服务组织的发展，形成“以点带面”的社会组织参与农村公共文化服务供给的模式。

第十二章 结论与展望

第一节 研究结论

在推动社会主义文化大发展大繁荣的背景下，大力发展和繁荣公共文化已经成为时代的必然要求。2020年，我国要实现全面建成小康社会的目标，而其重点是广大西部农村地区的发展。重庆市作为西部地区唯一的直辖市，近年来农村公共文化服务发展取得了很大的进步，但“大城市、大农村”的特点仍然使重庆市农村地区公共文化服务发展相对滞后。本书针对农村公共文化服务的实际问题，基于供给侧结构性改革的视角，研究了农村公共文化服务供给的优化问题。在借鉴理论界相关研究的基础上，对当前供给侧结构性改革和构建现代公共文化服务体系的背景进行分析，通过社会调查和问卷访谈的方法，从重庆市农村公共文化服务供给的总体现状出发，深入分析了农村公共文化服务供给面临的问题及原因，找出其制约因素；构建农村公共文化服务供给的战略模式，并从需求导向机制、激励机制、竞争机制、可持续保障机制4个方面，构建了农村公共文化服务供给的“1+4”供给侧结构优化机制模型，最后就当前农村公共文化服务供给存在的问题提出对策建议。

本书通过分析重庆市农村公共文化服务供给现状，结合新中国成立以来国家和重庆市出台的关于公共文化建设的政策及法律法规，将重庆市农村公共文化服务供给的发展分成4个阶段，即探索期、分化期、融合期和提升期。以需求和供给为维度，构建培育型模式、扩展型模式、改革型模式和优化型模式4种战略模式（C-E-R-O战略模式），通过三维转化模型，提出农村公共文化服务供给的战略升级路径。进而，通过需求导向机制、激励机制、竞争机制、可持续保障机制，构建重庆市农村公共文化服务供给的“1+4”供给侧结构优化机制模型，推进农村公共文化服务供给战略的有效运行。最后，以北碚区为例分析了重庆市农村公共文化服务的具体实践，并给出了重庆市农村公共文化服务供给优化的政策建议。在分析政策文本的基础上，通过文献归纳、模型构建、问卷调查和社会访谈，得出以下结论：

第一，自重庆市直辖以来，大力推进公共文化事业，农村公共文化服务的硬件设施和软件设施建设显著改善，同时大力加强基层文化人才队伍的培训和配备，公共文化服务供给取得了很大的成绩和进步。

第二，就重庆市农村公共文化服务供给来说，仍然在不同程度上存在供给总量不足、人均公共文化服务量低、供给质量待提升、均等化程度不高、财政投入偏低、基层公共文化服务工作人员短缺、社会力量参与不足、信息沟通渠道不畅等亟待优化的问题。

第三，重庆市农村公共文化服务供给不足受多方面因素制约，体现在城乡差异大、农村居民需求表达不畅、供给模式传统、监管机制缺乏、绩效评估机制缺失等方面，这些因素制约了农村公共文化服务供给的持续优化，这些难题亟待破解。

第四，为推进重庆市农村公共文化服务供给三维转化战略的实施，需要构建可量化的考核体系，实现多元力量协同供给，创新和优化供给方式，明确划分交界区域权责，加强政策协调，实施"人—财—物"三位一体的管理监督体系，完善公共文化服务供给的法律法规。

第五，构建均等化、标准化的现代公共文化服务体系，是全面建成小康社会的重要指标。从优化供给的角度，改善供给质量，实现供需匹配，将会促进乡村振兴的发展步伐，从而推进全面建成小康社会的进程。因此，站在系统观、发展观和战略观的高度，构建农村公共文化服务的战略模式和转化机制，提高服务供给的战略发展能力，是建设现代公共文化服务体系的必然要求。

第二节　研究不足

农村公共文化服务供给优化问题，是公共文化研究领域的一个重要内容，已经引起了理论界的重视。本书尝试对重庆市农村公共文化服务供给问题进行系统而深入的探究，以期构建系统研究框架，提出农村公共文化服务供给优化策略。虽然力求论证规范、归纳准确、贴近实践，但仍存在诸多不足，主要体现在以下几个方面：

第一，数据采集的局限。我们虽然花费了大量的时间、精力进行文献整理、调研和访谈,获得了大量的数据和访谈信息,完成了研究目标,但是,由于课题组的研究时间和能力有限,加上相关基础数据的获取难度大,人力、物力、财力资源受到限制,只能在全市各个区域选取代表性区县进行问卷调查和访谈,不一定能代表重庆市农村公共文化服务发展的全貌。

第二,研究深度的局限。本书构建了重庆市农村公共文化服务供给的优化模型,提出了战略模式,但还没有进一步通过构建绩效评价体系进行评估和验证。因此,建立指标体系、进行绩效评估方面需要深入研究,这是以后研究的方向。

第三,研究广度的局限。研究农村公共文化服务的角度很多,本书主要是从供给侧的视角展开研究,而公共文化服务供给是一个很广泛的领域,很难从每个方面展开充分论述。因此,对影响重庆市农村公共文化服务供给的影响因素以及对策建议还有待进一步拓展深化。

第三节　研究展望

公共文化服务是一个既体现民生又体现政府治理能力的重大问题。在推进政府治理能力和治理体系现代化的背景下,在推进公共文化服务领域供给侧结构性改革的过程中,以需求侧为基础,从供给侧出发,优化公共文化服务供给策略,既是满足农村居民基本文化需求的需要,也是建设让人民满意的服务型政府、提高政府治理能力的需要。本书虽然对重庆市农村公共文化服务进行了系统分析和建构,开展了大量的调查和数据分析,但仍有许多值得深入探究的问题,需要在以后的研究中进一步解决：

第一，为增加研究的科学性，设置更全面、更成熟的调查问卷，要扩大调研和访谈范围，收集更广泛和具有代表性的数据，运用更加科学、更加先进的分析工具对数据进行分析，从而认识重庆市农村公共文化服务供给的本质规律。

第二，深入研究三维转化战略模型，对培育型、扩展型、改革型和优化型4种农村公共文化供给战略模式进行进一步研究和分析，从而使提出的农村公共文化供给的C-E-R-O战略模式、“1+4”供给侧结构优化机制模型更具参考价值和实用性。

第三，更加深入挖掘和理解供给侧结构性改革在农村公共文化服务供给中运用的科学性和必要性，进一步对重庆市农村公共文化服务的总体现状和存在的问题进行调研，把握最真实的第一手资料，对重庆市农村公共文化服务供给提出更具操作性的、更完善的对策和优化策略。

参考文献

[1] 中共中央办公厅，国务院办公厅.关于加快构建现代公共文化服务体系的意见（中办发〔2015〕2号）[Z]. 2015-01-14.

[2] 宋元武.需求导向的农村公共文化服务供给研究[M].北京：中国社会科学出版社，2017.

[3] 廖青虎.公共文化服务设施供给的创新模式及其融资优化路径[M].天津：天津大学出版社，2017.

[4] 金荣美.韩国新农村运动：口述史的角度[M].马安平，刑丽菊译.上海：复旦大学出版社，2015.

[5] 谭开翠.现代公共政策导论[M].北京：中国书籍出版社，2013.

[6] 王乐夫，蔡立辉.公共管理学：精编版[M].北京：中国人民大学出版社，2012.

[7] 鄢奋.农村公共产品供给的问题与对策[M].北京：社会科学文献出版社，2011.

[8] 程又中.外国农村公共服务研究[M].北京：中国社会科学出版社，2011.

[9] 李景源，陈威.文化蓝皮书：中国公共文化服务发展报告（2009）[M].北京：社会科学文献出版社，2009.

[10] 郭瑞萍.我国农村公共产品供给制度研究[M].北京：中国社

会科学出版社,2008.

[11] 保罗·乔伊斯.公共服务战略管理[M].张文礼,王达梅译.北京:清华大学出版社,2008.

[12] 于小千.公共服务绩效考核理论探索与实践经验[M].北京:北京理工大学出版社,2008.

[13] 樊丽明,石绍宾等.新农村建设中的公共品供需均衡研究[M].北京:中国财政经济出版社,2008.

[14] 周连第,陈俊红,毛世平,吴敬学.农村公共产品政府投资优化配置[M].北京:中国经济出版社,2007.

[15] 珍妮特·V.登哈特,罗伯特·B.登哈特.新公共服务:服务,而不是掌舵[M].丁煌译.北京:中国人民大学出版社,2004.

[16] 武欣.绩效管理实务手册[M].北京:机械工业出版社,2001.

[17] 张金马.政策科学导论[M].北京:中国人民大学出版社,1992.

[18] 王春梅.农村阅读服务活动中文化焦虑探微——以图书馆农村阅读调研为例[J].图书馆理论与实践, 2018(2):10-15.

[19] 陈波,丁程.公共文化服务领域供给侧改革动力机制和路径选择——基于"互联网+"视角的分析[J].江汉论坛,2017(10):28-33.

[20] 梁玉菊,李雨书.供给侧改革视角下基层公共文化建设浅析[J].统计与管理, 2017(10):135-137.

[21] 范周,周洁.正确理解文化领域供给侧结构性改革[J].东岳论丛,2016(10):5-14.

[22] 段小虎,谭发祥,赵正良等.西部贫困县图书馆"跨越式"发展的财政保障研究[J].图书馆论坛,2016(1): 1-9,41.

[23] 陈艳.日本农村文化与农村经济协调发展对我国新农村建设的启示[J].新农业,2015(23):50-51.

[24] 朱海闵.基本公共文化服务标准化均等化研究[J].文化艺术研究,2014(1):9-14.

[25] 张菊梅.美国公共服务改革及其对中国的启示[J].电子科技大学学报(社科版),2014 (2):13-17,38.

[26] 于晗,赵萍.日本公共文化服务的多元化供给及运营模式[J].新视野,2014(6):110-113.

[27] 徐世雨.新型城镇化背景下农村社区公共文化产品网络供给模式研究[J].河北科技大学学报(社会科学版),2014(4):29-33.

[28] 凌金铸.美国公共文化体制的结构[J].上海交通大学学报(哲学社会科学版),2013 (6):77-85,100.

[29] 陈实.浅析韩国文化政策以及对我国文化产业发展的启示[J].群文天地,2012(1):262-263.

[30] 阙培佩.我国农村公共文化产品供给研究综述[J].四川行政学院学报,2011(1):19-23.

[31] 张天学.农村公共文化产品的供给现状分析及对策建议——基于江苏省徐州地区农村的调查[J].农村经济,2010(6):84-88.

[32] 葛继红,王玉霞.当前农村公共文化建设研究——基于加强政府供给角度[J].生产力研究, 2009(4):21-24.

[33] 曹爱军,方晓彤.农村公共文化服务创新的基本路向[J].中州大学学报,2009(2):15-17.

[34] 刘玉辉,陈朝,马兆文,荣玲.教育对经济的影响:中印比较研究[J].煤炭高等教育,2006(1):86-90.

[35] 叶兴庆.论农村公共产品供给体制的改革[J].经济研究，1997(6):57-62.

[36] 姚建国."老乡"在家门口尽享"文化大餐"[N].人民政协报，2015-04-25(003).

[37] 杨明文.改革开放中农村政策的演变[N].德州日报，2008-12-17(004).

[38] 李杨.基于服务创新四维度模型的农村公共文化服务供给模式研究:以湖北省鄂州市H区为例[D].武汉:华中师范大学，2013.

[39] 刘凤珍.农村公共文化供给:制度路径与机制创新[D].上海:华东政法大学，2013.

附录一
重庆市农村公共文化服务供给情况调查问卷

您好！我们是国家公共文化服务体系制度设计研究课题的课题组成员，为准确把握重庆市农村公共文化服务供给现状及存在的问题，特发放此问卷，您的认真填写是我们宝贵的数据来源。本问卷仅作为课题学术研究之用，均采用匿名方式填写，不会泄露您的个人信息。在此对您的参与表示衷心感谢！

调查地点：________街道办事处_______社区或______村

调查日期：____年____月____日

一、基本情况

1. 您的性别(　　)

A. 男　　　　B. 女

2. 您的年龄(　　)

A.18岁及以下　　B.19~35岁　　C.36~50岁　　D.51~59岁

E.60岁及以上

3. 您的文化程度(　　)

A. 初中及以下　B. 高中、中专、技校等　C. 大专

D. 本科及以上　E. 未接受教育

4. 您目前的月收入大概为(　　)

A.1000元以下　B.1000~2000元　C.2000~3000元

D.3000元以上　E. 没有收入来源

5. 您的政治面貌(　　)

A. 中共党员　B. 共青团员　C. 民主党派　D. 群众

6. 您目前的职业是(　　)

A. 农民　B. 学生　C. 在外务工者

D. 村干部　E. 农村文体骨干　F. 下岗失业人员

G. 其他

二、问卷正文

1. 您村是否有基层文化服务中心(　　)

A. 有　B. 没有　C. 正在建设中　D. 不知道

2. 您所在的乡镇是否有综合文化站(　　)

A. 有　B. 没有　C. 正在建设中　D. 不知道

3. 您村是否有文化大院(　　)

A. 有　B. 没有　C. 正在建设中　D. 不知道

4. 您村是否有文化中心户(　　)

A. 有　B. 没有　C. 不知道

5. 您所在地区拥有哪些文化设施(　　)[可多选]

A. 文化活动室　B. 农家书屋　C. 电脑室

D. 宣传栏/电子阅报栏　E. 音响、健身等器材

F. 文化广场　G. 流动文化车　H. 其他(请注明)______

6. 您所在地区农家书屋的开放情况如何(　　)

A. 工作日全天开放　B. 一周3~5次　C. 一周1~3次

D. 遇到检查时开放　E. 没有开过

7. 您所在地区文化活动室的开放情况如何(　　)

A. 工作日全天开放　B. 一周3~5次　C. 一周1~3次

D. 遇到检查时开放　E. 没有开过

8. 您步行到最近的公共文化活动场所需要多长时间(　　)

A. 10分钟以内　B. 10~15分钟　C. 15~30分钟

D. 30分钟以上

9. 您村的文化设施主要由哪个单位投资兴建(　　)

A. 街道(乡镇)政府　B. 村委会　C. 农民自发

D. 企业　E. 社会组织　F. 其他(请注明)______

10. 您村的公共文化设施是否定期维修或者更新(　　)

A. 有　B. 没有　C. 不知道

11. 您村是否有为残疾人、老年人等特殊群体配备专门的公共文化设施(　　)

A. 有　B. 没有　C. 不知道

12. 您村是否有公共文化服务数字平台，如手机APP、公众号等(　　)

A. 有　B. 没有　C. 不知道

13. 您村有哪些公共文化活动(　　)[可多选]

A. 放电影　B. 送戏　C. 文艺演出

D. 发放书籍　E. 科普讲座　F. 大学生“三下乡”活动

G.其他(请注明)________

14.您村开展公共文化活动的频率(　　)

A.经常开展　　B.很少开展　　C.只在某些节日开展

D.从未开展过

15.您村开展的公共文化活动一般都是哪个单位组织的(　　)

A.乡镇政府　　B.村委会　　C.农民自发　　D.企业

E.社会组织　　F.其他(请注明)________

16.您从哪里获得举办公共文化活动的信息(　　)

A.电视　　B.广播　　C.村干部告知　　D.宣传栏

E.听别人说　　F.手机、电脑等网络渠道　　G.没有渠道了解

17.您向政府反馈公共文化活动情况的途径(　　)

A.告知村干部　　B.电话反馈给相关部门

C.反馈给村里德高望重的人　　D.无反馈途径

18.有无政府相关人员对村里的公共文化服务情况进行调查评估(　　)

A.有　　B.无

19.有无政府相关人员来询问您的公共文化需求(　　)

A.有　　B.无

20.在公共文化活动开展中有无互动等参与环节(　　)

A.有　　B.无

21.政府是否有采取奖励措施来激励您参与公共文化活动(　　)

A.有　　B.无

22.您村公共文化服务人员由什么人担任(　　)

A.村干部　　B.当地农民

C.专门的公共文化服务人员　　D.无公共文化服务人员

23.您认为在公共文化服务供给过程中，发挥最大作用的组织或单位是(　　)

A.农村社区　　B.政府组织　　C.居民　　D.艺术团体

E.企业　　F.其他(请注明)________

24.您认为目前自己的公共文化需求是否得到满足(　　)

A.满足　　B.基本满足　　C.不能满足

25.您最感兴趣或者最需要的公共文化服务设施有哪些(　　)[可多选]

A.文化活动室　　B.农家书屋　　C.电脑室

D.宣传栏/电子阅报栏　　E.音响、健身等器材

F.文化广场　　G.其他(请注明)________

26.您认为您村需要加强的公共文化设施有哪些(　　)[可多选]

A.文化活动室　　B.农家书屋　　C.电脑室

D.宣传栏/电子阅报栏　　E.音响、健身等器材

F.文化广场　　G.其他(请注明)________

27.您平均一周之内使用公共文化服务设施的频率(　　)

A.0次　　B.1~2次　　C.3次　　D.3次以上

28.您是否参加村里的公共文化活动(　　)

A.有活动就会参加　　B.经常参加

C.偶尔会参加　　D.从来不参加

29.您日常的文化娱乐活动有哪些(　　)[多选]

A.看电视　　B.看电影　　C.打牌、打麻将　　D.读书看报

E.跳舞或者健身活动　　F.听广播　　G.上网

H.其他(请注明)________

30.您参加公共文化活动的主要目的是(　　)[可多选]

A.学习知识　B.休闲娱乐　C.锻炼身体　D.打发时间

31.您希望增加的公共文化活动有哪些(　　)[可多选]

A.电影放映　B.戏剧演出　C.大学生“三下乡”活动

D.书籍报刊发放　E.农民自办的文化活动

F.文艺演出　G.科普讲座　H.其他(请注明)

32.您最希望通过以下哪种渠道获得公共文化服务信息(　　)

A.宣传栏通知　B.村干部告知

C.广播或者电视告知　D.手机信息告知

E.由专门的文化联络员告知　F.其他(请注明)

33.您认为您村当前公共文化供给最大的困难是什么(　　)

A.资金投入不足　B.领导重视不够

C.群众思想达不到　D.人才匮乏

E.供给不符合需求　F.供给制度不完善

G.其他(请注明)

34.您对公共文化建设有什么好的建议(　　)[可多选]

A.加大资金投入　B.引进专业公共文化服务人才

C.鼓励农民自编自演　D.引导社会力量参与

E.尊重农民公共文化需求　F.完善供给制度　G.其他(请注明)

35.您村是否有农民自发组成的文化组织(　　)

A.有　B.没有　C.不知道

36.您村是否有社会组织参与公共文化服务供给(　　)

A.有　B.没有　C.不知道

37. 您村是否有企业参与公共文化服务供给(　　)

A. 有　　B. 没有　C. 不知道

38. 您对您村公共文化设施供给的满意度(　　)[请在每项符合程度栏打√]

公共文化设施	符合程度				
	满意	比较满意	一般	不太满意	不满意
整体满意度	5	4	3	2	1
健身等体育器材	5	4	3	2	1
农家书屋	5	4	3	2	1
文化广场	5	4	3	2	1
广播、电视内容	5	4	3	2	1
综合文化站	5	4	3	2	1
流动文化车	5	4	3	2	1

39. 您对公共文化活动供给的满意度(　　)[请在每项符合程度栏打√]

公共文化活动	符合程度				
	满意	比较满意	一般	不太满意	不满意
整体满意度	5	4	3	2	1
文艺演出	5	4	3	2	1
送戏下乡	5	4	3	2	1
大学生“三下乡”	5	4	3	2	1
放电影	5	4	3	2	1
科普讲座	5	4	3	2	1
地方民俗文化活动	5	4	3	2	1

40. 您对公共文化服务供给主体的满意度(　　)[请在每项符合程度栏打√]

公共文化工作人员	符合程度				
	满意	比较满意	一般	不太满意	不满意
整体满意度	5	4	3	2	1
村干部	5	4	3	2	1
农民代表	5	4	3	2	1
村级公共文化服务人员	5	4	3	2	1
乡镇级公共文化服务人员	5	4	3	2	1
市级公共文化服务人员	5	4	3	2	1
企业	5	4	3	2	1
社会组织(志愿者)	5	4	3	2	1

41. 您对公共文化服务政策的满意度(　　)[请在每项符合程度栏打√]

公共文化服务政策	符合程度				
	满意	比较满意	一般	不太满意	不满意
整体满意度	5	4	3	2	1
政策信息传播	5	4	3	2	1
政策传播渠道	5	4	3	2	1
公共文化服务经费政策	5	4	3	2	1
公共文化服务人才政策	5	4	3	2	1
公共文化服务制度保障	5	4	3	2	1

附录二
重庆市农村公共文化服务供给情况访谈提纲

访谈对象1:村干部

1.您村的人口数量?按照年龄段划分18岁以下、19~60岁、60岁以上分别有多少人?外出务工的人口有多少?

2.您村农民的主要收入来源?村里有无吸引农民留下的固定产业?

3.您村公共文化服务设施有哪些?一般都设立在什么地方?

4.您村开展的公共文化活动有哪些?开展的频率?

5.您村是否有文化大院,是否有文化中心户?是否有旅游等文化产业?

6.您村是否向农民定期宣传政府的公共文化政策?通过何种途径宣传?

7.您村放映电影的频率、场所及内容?

8.农家书屋的开放频率、书籍种类及更新状况?图书借阅情况如何？是否有数字农家书屋？

9.您村是否有为老年人、残疾人等特殊群体设置专门的公共文化设施？

10.您村开展公共文化服务的主要资金来源？

11.您村公共文化服务人员是否有参加培训？

12.您村是否有群众自发组成的文化组织？若有，有哪些？

13.您村的公共文化服务人员由何人担任？公共文化服务人员的数量是多少？

14.您村是否建设有文化品牌？

15.是否有上级政府对您村的公共文化服务开展情况进行评估？

访谈对象2：文化企业领导

1.您是否曾参与农村公共文化服务供给活动？影响参与公共文化服务供给的制约因素有哪些？

2.您是否了解政府关于“企业提供公共文化服务”的相关规定和政策？

3.您对于企业参与农村公共文化服务供给的看法？

访谈对象3：公共文化管理部门领导

1.请问当地公共文化活动开展情况如何？农家书屋、文化活动室建设情况及开放情况如何？

2.请问当地文化广场体育锻炼设施建设情况如何？

3.请问社会力量（包括社会组织、非营利组织、企业等）参与农村公共文化服务建设情况如何？社会力量参与农村公共文化服务的优惠和激励政策有哪些？

4.是否有专门针对残疾人、老年人等特殊群体的公共文化服务？

5.请问四级文化服务体系（市、区县、乡镇、村）落实情况如何？

6.公共文化服务物联网建设平台的情况如何？

7.农村公共文化服务相关人员的培训情况如何？

8.每年用于农村公共文化事业建设的财政经费投入情况如何？

9.基层公共文化服务人员编制情况如何？

访谈地区：___区___街道办事处___社区或者___区（县）___镇